みやこ図会ごよみ

西野由紀

人文書院

みやこ図会ごよみ

もくじ

秋の景……85

冬の景 …… 123

まえがき

わたしたちがどこか見知らぬ場所を旅するとき、文章だけでなく、地図や写真、イラストなどの情報によって、旅の行程を組み立てることが多いのではないでしょうか。こんにちあるたいていの観光ガイドブックが、写真やイラストをふんだんに盛りこみ、地図をかならず付していることからも、そのような図像による情報が旅行者にとって魅力的かつ重要であることがわかります。

江戸時代もまた、現代とおなじく、図像が当時の人びとにとって魅力のある情報であったようです。たとえば文化七（一八一〇）年に出版された旅のマニュアル書ともいえる八《や》隅蘆庵《すみろあん》『旅行用心集』には、文章による情報だけでなく、東海道や中山道の行程図に両道に点在する名所を描き入れたり、春夏秋冬の景色を描く絵を組み入れたりと、図像情報が盛りこまれています。また、当時に出版された文学作品には挿絵が収載されていることが多く、井原西鶴の浮世草子や上田秋成・曲亭馬琴の読本など、あるいは『源氏物語』や『伊勢物語』といった古典作品にも挿絵が付されていました。つまり、江戸時代の書物にとって絵が重要なツールとして機能していたのだといえます。

本書でとりあげる「名所図会《めいしょずえ》」もまた、絵が重要な役割を果たしている書物のひとつです。この「名所図会」は、安永九（一七八〇）年に出版された『都名所図会』に始まる地誌のシリーズで、文章による詳細な解説と実景にもとづく絵図とによってそれぞれの土地を紹介する内容になっています。とくに絵図は、上空からの視点で描いた鳥瞰図《ちょうかんず》や祭礼行事を描いた歳時図、当時の人びとの生活風景を描いた風俗図など、それぞれ特徴のあるものを採用しています。

ただ、そうした絵に何が描かれていて、当時の読者はそこから何を読みとることができたのかといった「絵の読み方」については、現代のわたしたちには説明がなければわからないことが多くあります。たとえば、花見や紅葉狩りのような季節の風物が人びとにとってどのような意味をもつイベントであったのか、寺社仏閣のみどころはどこにあったのか、あるいはもっと単純に、当時の人びとはどのような服装で誰と外出し、何を楽しんだのか。そうしたことがらを、できるかぎり当時の読者にちかい視点による「絵の読み方」で、わかりやすく紹介することを、本書はめざしています。さらにはその紹介をとおして、かつての京の魅力とこんにちの京都の魅力とが、どれほど〈共通しているのか／異なっているのか〉を知ってもらえるように心がけました。

京都を訪れた人には本書を片手にいまの街と江戸時代の京とを比較しながら旅を楽しんでほしい、また、京都に住まう人には古い時代の絵をとおして街の新たな魅力をみつけてほしい。そのような思いをこめて、すこし小ぶりのサイズにしあげました。もちろん、机上の京も十分に楽しめるように、絵を多数にとりあげています。浮世絵のような色彩の派手さはないものの、モノクロながら細部まで丁寧に描かれた「名所図会」の絵を、本書をとおして堪能していただけると幸いです。

なお、それぞれの絵図を紹介する際（コラムを除く）、ひとつの記事につきひとつ、江戸時代の人が残した日記や随筆をとりあげています。彼らの視点やことばは、当時の人びとの感覚を知る手だてとしてだけでなく、意外にもわたしたちと似た感性をもっていると気づかせてもくれるはずです。

春の景

桃山と望遠鏡

「桃山遊宴の図」『諸国図会年中行事大成』巻二之上

「六百番歌合」
はなの色は
入日をのこす
木のもとに
春もくれ行
三日月のかを

寂連

底冷えのする京都の冬も、伏見のあたりでは幾分かしのぎやすい。これは、現代も江戸時代もおなじこと。温暖な気候の伏見は洛中にくらべて春の訪れが早いため、睦月《むつき》は梅、如月《きさらぎ》は桃と、人びとの目と鼻とを楽しませました。

文化三（一八〇六）年に出版された『諸国図会年中行事大成』には、桃山で桃見に興じる一景が描かれています。残念ながら、現在ではこうした桃樹を目にすることはできません。右手上部の遠景に宇治川や巨椋池《おぐらいけ》などがみえるので、桃山の南斜面からの眺望であることがわかります。絵の左側では、中書島あたりのきれいどころが三味線を奏でつつ、淀鯉《ごい》、豆腐田楽を味わう「花より団子」の遊宴です。また、伏見は酒造の街ですから、宴に酒はつきもの。左手に盃《さかずき》を持つ主人と右に座すご内儀が振袖すがたの三姉妹を連れだって、春のひと日をすごす趣向です。

絵の右側では娘のひとりが望遠鏡をのぞいているのがみえます。視線の先にあるのは石清水八幡宮でしょうか。ここからは、宇治や淀をはじめ、八幡、山崎など洛南にひろがる景色を一望することができました。この望遠鏡、よくみれば一閑張《いっかんばり》に仕立てられていることがわかります。これは貝塚の職人岩橋善兵衛が作った望遠鏡とほぼ同型です。

ところで、『東遊記』『西遊記』の作者として知られる橘南谿《なんけい》は、桃山中腹の豊後橋筋立売界《かい》隈《わい》に別宅黄華堂《こうかどう》を構えていました。ここに善兵衛が自作を持ちこんで、国内初の望遠鏡を使った天体観測がおこなわれました。寛政五（一七九三）年七月二十日のことです。指月《しげつ》の森や豊臣秀吉が築いた月見台からもほど近いことを思えば、夜空を堪能するには最適の場所だったのでしょう。月はもとより、太陽の黒点、木星、土星、金星、北斗七星、天の川などを観察したのだとか。南谿はこの日のことを『望遠鏡観諸曜記』として漢文で記録しており、また、友人の伴蒿蹊《ばんこうけい》は『閑田次筆《かんでんじひつ》』の冒頭で南谿の記録を和文に改めて記しています。

なるほど、この観測の十三年後に出版された『諸国図会年中行事大成』の挿絵に望遠鏡が描かれていたのは、こうした背景によるものだったのです。江戸時代後期、『都名所図会』を皮切りに、多数の「名所図会」が出版されました。名所や祭礼を紹介したり、人びとのくらしを描いたりするだけでなく、当時の最新情報を盛りこむ。あるいは、直接的に文字で記述せずとも、絵を「深読み」することで読者が楽しめるように配慮して描く。これが「名所図会」と呼ばれる一連の名所案内書に収載された挿絵の特徴なのです。

壬生狂言

自二三月十五日
同至二廿四日
洛西《らくさい》壬生寺《みぶでら》
大念佛會《だいねんぶつゑ》
扮戯《きやうげん》の圖《づ》
大
棧じき

「洛西壬生寺　大念仏会扮戯の図」『諸国図会年中行事大成』巻二之下

化て出る
こゝろの鬼も
狂言も
かれこれをちに
気をもみぢかり
虚生堂一有

京都の春をいろどる歳事のひとつに壬生狂言があります。現在では四月二十一日から二十九日の期間におこなわれますが、旧暦をもちいた江戸時代は三月十五日から二十四日の行事でした。

壬生寺は平安時代の創建、律宗大本山で、院号を心浄光院、寺号を宝幢三昧寺《ほうとうざんまいじ》ともいいました。つまり、壬生寺は通称なのです。壬生狂言もまた通称で、「壬生大念仏狂言」が正式です。『諸国図会年中行事大成』の挿絵は、多くの見物人でにぎわう境内のようすを描いていいます。絵の右上には「洛西壬生寺大念仏会扮戯《らくさいみぶでらだいねんぶつゑきやうげん》の図」、また、中央にみえる舞台下には「大念仏」の文字。壬生狂言が宗教行事であることをよくあらわしています。この狂言、正安二（一三〇〇）年の大念仏会に際し、円覚上人が身ぶり手ぶりだけで仏法を説くことを考えついたのが始まりという。ですから、この狂言は面をかぶり、いわゆるパントマイムの形式でおこなわれるのです。無言で演じられる狂言は珍しかったのでしょう、国学者、歌人として知られた津村淙庵《そうあん》は『譚海《たんかい》』のなかで、「身振りのみにてものいふ事なし」と紹介しています。

絵の舞台上には、いままさに、平維茂《これもち》によって成敗されなんとする鬼女のすがたがみえます。これは「紅葉狩」の一場面、見物人もこのクライマックスにみいっています。舞台右手の烏帽子すがたが惟茂で、左手が鬼女、二人の間には紅葉の枝が飾られています。鬼女の後ろでは「大念仏」と書かれた被り物をしている人物が、「壬生さんのカンデンデン」の由来でもある鉦《かね》を叩《たた》いています。「紅葉狩」のように、時代が下るにしたがって、宗教劇のみならず、こうした謡曲や物語をとりいれた娯楽性のある演目が加えられていきました。

挿絵の左右下隅には、舞台とほぼ同じ高さに仕立てた桟敷席が設けられています。陽春ゆえ、日除《よ》けの覆いがかけられています。群集する人びとも日傘を差していますが、一段高い桟敷席であれば舞台を傘で遮られることはありません。また、そこここに、狂言で使用されるのと似た面をもつ見物人がみえます。これは仏師定朝《じょうちょう》の彫った三種類の面を模して作られたみやげもの。当時、本尊地蔵菩薩《ぼさつ》像が定朝の作と伝えられていたため、篤信者の人気を博しました。

ところで、『諸国図会年中行事大成』の解説をみると、壬生狂言は地元の郷士により支えられていたとあります。現在もおなじく、地元の壬生大念仏講中によって伝統が守り継がれています。

「桶とりの狂言」『都名所図会』巻二

古典と花の名所

「名寄」
これやきく
雲の林の
寺ならん
花を尋ぬる
こゝろ休めむ

西行

「雲林院　菩提講之図」『諸国図会年中行事大成』巻二之下

此地《このち》、古《いにし》へより桜花《おうくは》の名《な》所《どころ》にして古詠《こえい》多《おほ》く、代々《よゝ》の和歌集《わかしう》に載《のせ》られたり。物換《ものかは》り星移《ほしうつ》りて、中世《なかごろ》衰廃《すいはい》せしかども、近年《ちかきとし》より餘《やゝ》古《いにしへ》に復《ふく》し、開花《かいくは》の頃《ころ》、貴賤男女《きせんなんによ》花下《はなのもと》に群《むれ》居《ゐ》て遊宴《ゆうゑん》をなし、又茶店《ちやみせ》拍戸《りやうりや》ありて酒食《しゆしよく》を安排《あんばい》し、紅裙《こうくん》の少婦《せうふ》風流《ふうりう》を競《きそ》ひ、客《かく》を遏《とゞめ》て酔《えい》をすゝむ。あるはまた唐《から》のやまとの言《こと》の葉《は》におもひを春風《しゆんぷう》と翻《ひるがへ》し、落日《らくじつ》の影《かげ》を恨《うら》み、樽《そん》前《ぜん》に帰《き》を忘《わす》るは太平《たいへい》の美《び》にして、さすがに名《な》だゝる勝地《しようち》なれば也。

雲林院の菩提講に詣《もう》でた若い侍が、大宅世継《よつぎ》と夏山繁樹《しげき》と名乗るふたりの古老に出会う。これは、誰もが知る『大鏡』冒頭のシーンです。

平安時代の初め、淳和天皇によって離宮である紫野院が造営されました。その後、紫野院は仁明《にんみょう》天皇とその皇子である常康《つねやす》親王に引き継がれ、親王の出家とともに天台宗に属する雲林院となる。さらに桓武天皇の孫にあたる遍昭が別当となり、官寺となりました。こうした経緯からみると、当院は『大鏡』にうってつけの舞台だったといえるでしょう。

栄華をきわめた雲林院ですが、鎌倉時代には大徳寺の塔頭《たっちゅう》となり、やがて応仁の乱の兵火をうけ廃絶します。世下って宝永四(一七〇七)年、ふたたび大徳寺の塔頭として建立されます。ですから、現在の雲林院は江戸時代に再建されたもので、『大鏡』に登場するそれとは異なるのです。

『諸国図会年中行事大成』には、菩提講でにぎわう境内のようすが描かれています。本文によると、菩提講とは常康親王が仁明天皇崩御に際しておこなった忌日法要のこと。絵の右中央が本堂で、堂前には法要を執行する大徳寺の僧侶たちがみえます。その右側には、菊の紋をあしらった唐櫃《からびつ》が二基。これは朝廷からの供物で、絵の左下の門外に、参詣にきた公家方の一行が描かれています。

この正面門とは別に、右下の南門からも境内に入ることができます。振袖の娘を連れた町人の一家、被衣《かずき》を着た女性を連れた武士の一家に、子守りの女性のすがたなどもみえます。菩提講がおこなわれた旧暦三月二十一日は、桜がみごろをむかえる時期。かつての雲林院は桜の名所でしたから、それを踏襲した江戸時代の雲林院にも桜樹が植えられていました。この地で多くの都人が観桜に興じたこと、絵の上部の解説によって知られます。そのため、絵の右下にみえるように、酒食を供する茶店が設けられていたのです。

江戸の歌人、横山桂子《かつらこ》は、文政四（一八二一）年、花の盛りに当院を訪れています。かつては広大な敷地を誇り、桜樹が多かったと聞くが、いまでは狭小な敷地にわずかな木が花をつけるばかりだと嘆きつつ、次の歌を詠《よ》んでいます。

今もなほそのおも影はしら雲の
林にまがふ花ざかりかな

古典の舞台にして、桜の名所と謳《うた》われた雲林院。時代とともにそのすがたをかえながらも、桂子のような述懐や「名所図会」のような由緒来歴を集成した書物に支えられながら、こんにちに伝わる名所となったのです。

嵐山の十三参り

近年、下嵯峨《さが》法輪寺《はふりんじ》に、三月十三日十三才なる男女、都鄙《とひ》より来て群《ぐん》集《しふ》大かたならず。本尊《ほんぞん》虚空蔵菩薩《こくうざうぼさつ》に福《ふく》智満の智恵を貰《もら》ふとて年々に増て来る也。これを十三参といふ。

「(嵐山渡月橋)」『都林泉名勝図会』巻五

子共見よ
桜の月も
十三夜
八十一叟 簫山

清流奇石緑縈彎
隊々香魚往テ復タ還ル
忽チ樵舟ノ峡ヲ穿チ下
ル有
軽篙蹙破ス水中ノ山
六如菴

寛政十一（一七九九）年刊の『都林泉名勝図会』には、観桜と十三参りとでにぎわう渡月橋付近のようすを描いた挿絵が載ります。大井川の左岸、北東からのながめで、橋上には多くの人のすがたがみえます。絵の上部の解説をみると、法輪寺は「下嵯峨」にあるとしていますが、実際には渡月橋の南、嵐山の中腹にあります。絵の左上、左手に山門、右手に本堂がみえるのが法輪寺です。

智福山法輪寺は真言宗五智教団に属する寺院で、和銅六（七一三）年に元明《げんみょう》天皇の勅願をうけて行基が建立した古義真言宗の木上山葛井寺《もくじょうざんかづのいでら》に始まり、貞観十（八六八）年に現在の寺号に改めたといいます。また、天長六（八二九）年に空海の高弟である道昌が当寺に参籠して虚空《こく》蔵求聞持法《ぞうぐもんじほう》を修し、虚空蔵菩薩を安置しました。この虚空蔵求聞持法は空海が十九才のときに修したもので、これを達成したことによって空海は無限の智恵を得たといいます。また、清和天皇が十三歳になった際、法輪寺で勅願法要をおこないました。これらのことから、元服前後の子たちも虚空蔵菩薩に智恵を授かろうと、十三参りが始まったとされています。現在では、四月十三日を中日とした前後一ヶ月をあわせた三月十三日から五月十三日に参詣することになっています。

十三参りについて、『諸国図会年中行事大成』には次のように記されています。

今日、商人《あきうど》境内《けいだい》に於《おい》て十三品の菓子《くわし》を売《う》る。

詣人《けいじん》求《もとめ》て、これを本尊《ほんぞん》に供《くう》じて後《のち》、小児《せうに》に食《くは》しむれば、福徳《ふくとく》を得《え》るといふ。

これによると、江戸時代後期には境内で購入した菓子を虚空蔵菩薩にお供えし、そのお下がりを食べることで智恵を得ることになっていたことがわかります。絵の下部をみると、観桜客に混じって十三参りに訪れた親子のすがたが描かれています。こうした親子たちが京の市街から法輪寺へ参るには、かならず渡月橋を渡らねばなりません。法輪寺の帰路、この橋を渡るまでに後方を振り返ると智恵をもらい逃すとか。お下がりとして持ち帰る手元の菓子をみていれば、無事に智恵を得られるとの工夫なのかもしれません。

東園基賢《もとたか》は出家後に嵯峨野を訪れ、『嵯峨道之記』を記しています。紅葉につつまれた法輪寺を参拝し、次の和歌を残しています。

たのもしなあふげば高き恵しる
げに虚空を御名ときくにも

基賢は公家の出身で、おそらくは自身が十三歳のときに法輪寺で智恵を授かった経験をもとに詠じたものと思われます。

花咲き競う嵐山

「嵐嶠賞花図」『諸国図会年中行事大成』巻二之下

花の香や
嵯峨のともし火
きゆる時

蕪村

日ごと空気が温《ぬる》みだすころ、心待ちにされるのが桜の開花です。はかなくも愛らしいそのすがたは、今も昔もかわらず、わたしたちを魅了しつづけてきました。江戸時代の京に花の名所は数あれど、『諸国図会年中行事大成』が筆頭にとりあげるのは嵯峨嵐山の桜花です。そのため、挿絵に二丁を費やし紹介しています。これはそのうちの一枚目。

絵の右下にみえる流れが大井川で、左岸の嵯峨をながめた風景です。岸辺は盛りの花を愛でようと、多くの人でにぎわっています。右側、総勢十名のグループは、芸妓を伴っての観桜です。傍らにしたがう幼い禿《かむろ》が指さすのは、川の上流。人の少ない落ち着いた場所をもとめて、奥へ奥へとゆくのです。

一方、絵の左側、ひとあし先をゆくグループは、振袖の娘さんを連れた一家です。春の日差しは穏やかですが、長時間の外出には注意が必要。「七難かくす」ためにも日傘は必需品です。ただし、富裕な商家の女性はみずから傘を手にすることはありません。側仕えの者が差してくれるのです。ところで、娘さんは絞りがほどこされた袖や裾が川風に乱れるのもかまわず、桜樹にみとれています。それに対し、後方をゆくお父さんは後ろの美しい芸妓たちにみとれているようす。どちらも美しい「花」を気にかけているというのが実にユーモラスです。

一家とすれ違う男性三人組は、すでに飲みほした角樽《つのだる》を持ち上げほろ酔い心地。したがう丁稚《でっち》の少年も、笑みをもらしながら家路をたどります。上方にみえる柴垣の内、茶店にいるひと組は、即興で詠じた和歌を色紙にしたため桜の枝にくくりつけているところ。情趣を解する人ならではの楽しみかたです。

左上部には与謝蕪村の句が紹介されています。昼には気づかなかった花の香りも、宵闇ならば主役となる。夜桜の魅力が伝わる秀句です。江戸の浄瑠璃芸人だった富本繁太夫の『筆《ふで》満可勢《まかせ》』をみると、天保六（一八三五）年三月二十一日に嵯峨嵐山を訪れたことが記されています。それによると、午後三時頃に着いた一行は、夕桜と朝桜とをみるため当地に宿をもとめたとか。繁太夫もまた、蕪村のように桜花の香りを堪能したことでしょう。

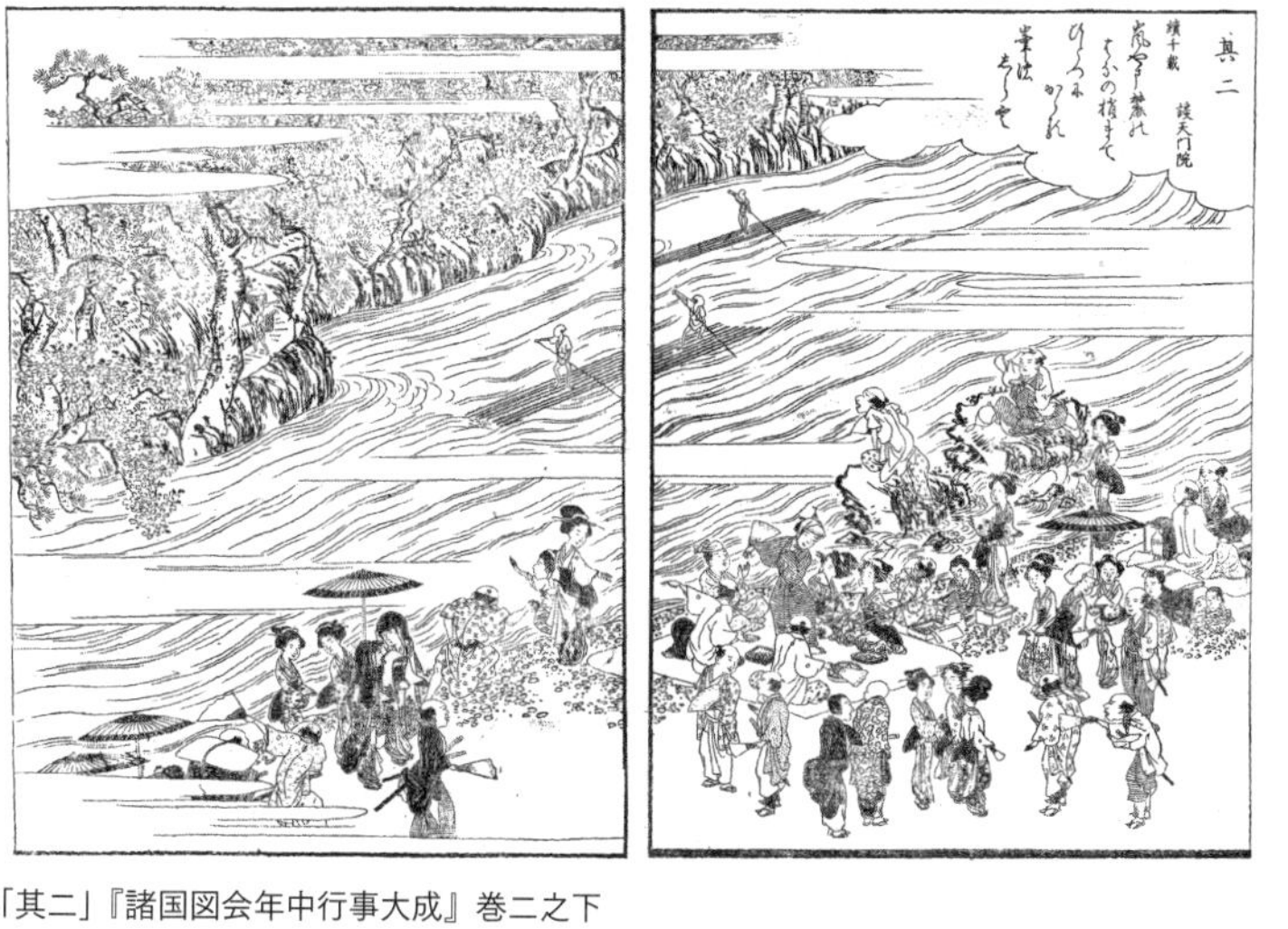

「其二」『諸国図会年中行事大成』巻二之下

三十石船と淀の水車

「拾遺」
いづかたに
鳴て行らん
ほとゝぎす
よどの渡りの
まだ夜ふかきに

忠見

「淀」『都名所図会』巻五

淀《よど》の水車《みづくるま》は
むかしよりありて
耕作《かうさく》のためにす。
秀吉《ひでよし》公の室淀殿《しつよどの》、
これに住《ちう》し給ひしより
城中《じやうちう》の用《よう》となす也。

「ほれ、みてみぃ」「あれが世に名高い淀の水車かいな」。「ようやっと淀のお城まで戻ってきたわ」「そろそろ降りる支度しょよし」。安永九（一七八〇）年刊の『都名所図会』の挿絵に描かれた京都へ向かう三十石船をみると、このような乗客たちの会話が聞こえてきそう。

江戸時代、天満橋南詰めの八軒家《はちけんや》浜から伏見の船着き場まで、四十五キロメートルほどの距離を、上りならばおよそ十二時間、下りはその半分で移動することができたといいます。ここを行き交うのは、人を運ぶ三十石船に、物資を運ぶ二十石船、十五石船などなど。通行するための手形をそなえていたことから、過書船《かしょぶね》とも呼ばれていました。

三十石船の定員は、漕ぎ手が四人に、乗客が二十八人。風雨や日差しを避けるため、簡単な苫《とま》が葺《ふ》いてありました。全長が二十メートル足らず、幅二・五メートルほどの船内はせまく、満員ともなれば船内に荷物を置く余裕はありません。でも、大丈夫。苫の下、客の頭上にあるわずかな空間を利用して、荷をぶらさげることができるようになっていました。挿絵に描かれた三十石船の中ほど、苫が開けられたところからのぞいてみると、くくりつけられた荷物をたしかめることができます。船内のようすをわかりやすく伝えようという絵師の心配りで、屋根の隙間《すき》が描いてあるのです。また、手前にみえるのは貨食船《にうりぶね》。俗にいう「くらわんか船」で、酒や餅《もち》、あたたかい汁ものなどが人びとの空腹を満たしました。

ところで、屋根の隙間に描かれた乗客たちをよくみると、右手奥の水車を指さしているのがわかります。この水車、初めて京見物にやってきた人にとっては名にのみ聞いていた見逃せない名所として、京都に帰る人にとっては降船準備のタイミングをはかる目印として、それぞれ機能していたと思われます。

『都名所図会』が出版されたほぼ同時代に、諸国を漫遊した百《もも》井《い》塘《とう》雨《う》という人がいます。塘雨は見聞記『笈《きゅう》埃《あい》随筆』のなかで、淀の水車について触れています。すなわち、城内に水を汲《く》み入れるために作られた水車は二つ。いずれも庭の泉水に用いるのみで実益はなく、補修費ばかりが積もって山となる。ただ、古くからある名物なので、いまでも維持しているのだ、と。

今も昔もかわらず、文化的景観の保護には多少の出費は必要なもの。京坂をつなぐ水上を往来する人びとのしるべは、名物であるがゆえに守られていたのです。

名所図会と京の桜

桜ほど日本人の心性とむすびつけて語られる花はないでしょう。「花は桜木」とはよくいったもので、いつの世も人は桜花に魅せられつづけてきました。江戸時代に出版された「名所図会」をひもといてみても、そのことがよくわかります。名所図会とはいわゆる地誌に分類される本で、安永九（一七八〇）年刊の『都名所図会』を嚆矢《こうし》として、その後、各地で同様の本が出版されました。『都名所図会』は、当時としては異例ともいえる売れ行きをみせたと伝えられています。理由はいろいろとあるのでしょうが、なにより名所に関する情報量の多さと写実的な挿絵とが人びとに受けいれられたいちばんの要因だと考えられます。江戸時代の人びとが読み親しんだ名所図会の挿絵を手がかりにして、京都の桜の名所をいくつかめぐってみることにしましょう。

一．円山の桜

『都名所図会』巻三に載る挿絵は、現在の円山公園付近と思われる場所で観桜を楽しむ人びとのすがたを描いています（図一）。桜樹の周囲には床几《しょうぎ》が設けられ、そこに腰かけながらゆったりと花を愛《め》でるのです。一首、一句と、よい作品ができれば、その場で短冊や色紙に書きつけて枝にくくりつける。絵の右側にみえる武士たちは、作品の吟味をしている躰《てい》です。また、左側の床几には花に負けぬくらいに着飾った女性連。後ろの床几に座す俳諧の宗匠は酩酊《めいてい》ぎみのようす。「なんの句も浮かばんうちに、酔うてしもうた」。

上部に付された解説は次のとおりです。「桜は本朝風土の名産」であり、「中華には桜樹い

図一

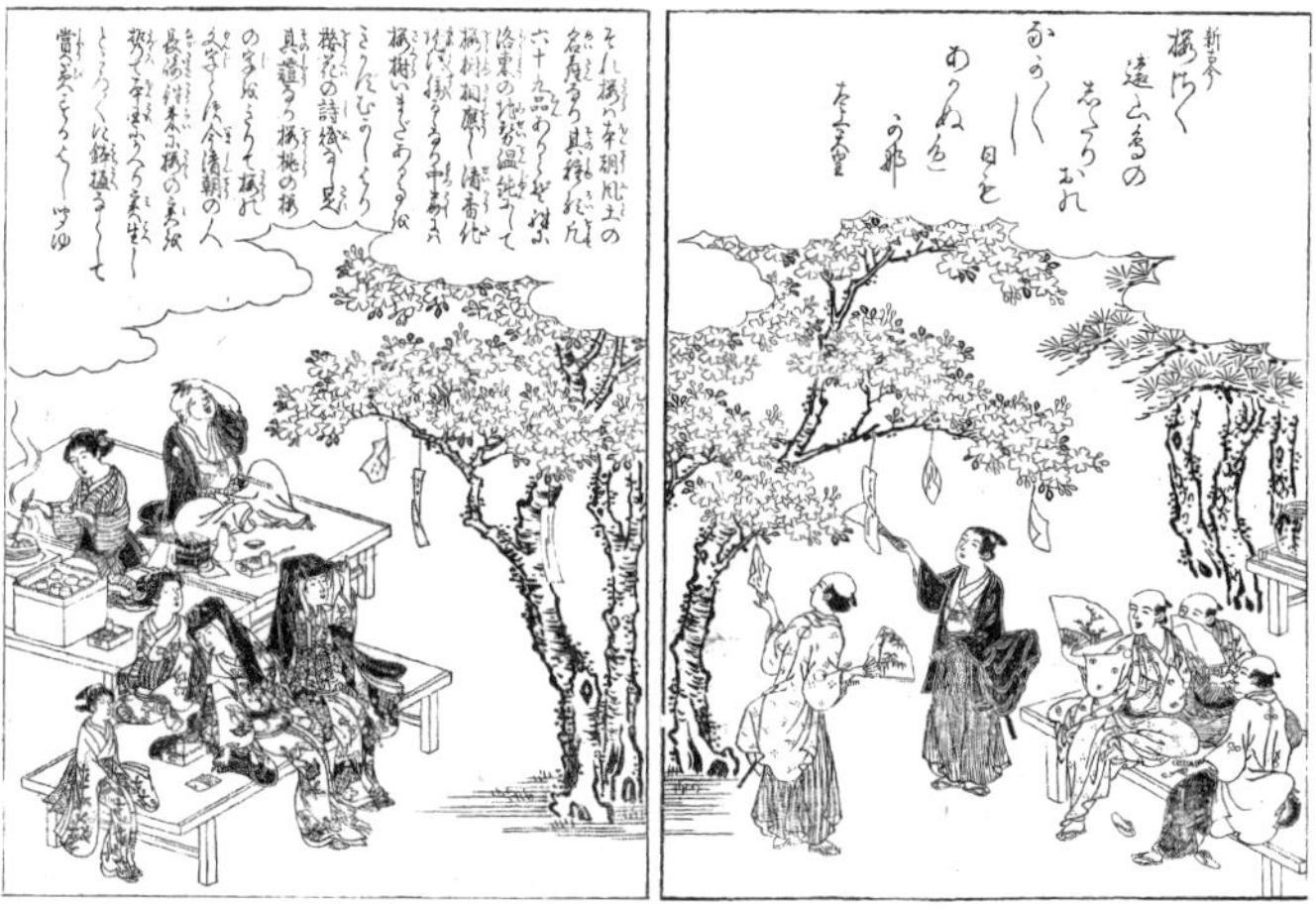

まだある事を」聞いたことがない。その証拠に「昔より桜花の詩賦」がないではないか、としています。ことの真偽はおくとして、「本朝」と「中華」とを比較しながら、桜にまつわる文化が日本特有のものとする感覚は注目されるところです。この解説をふまえ、いまいちど挿絵をみてみましょう。桜樹を中心に人びとはつどい、誰もが花をみながら和歌や発句を製す。桜を象徴として、豊かな文化を有する日本の優位性をかたっているのがこの挿絵だ、というのは少々「うがち」が過ぎるでしょうか。

二．仁和寺の桜

『都名所図会』の好評をうけて出版されたのが天明七（一九八七）年刊の『拾遺都名所図会』です。この両書は正編と続編の関係であるため、相互に補完するような文章や挿絵が多数にみられます。『都名所図会』巻六の「御室仁和寺《おむろにんなじ》」（図二）と『拾遺都名所図会』巻三の「御室花見《おむろはなみ》」（図三）もそのなかのひとつです。

「御室仁和寺」のような挿絵は一般に鳥瞰図《ちょうかんず》と呼ばれています。飛行機やカメラのなかった時代ですから、このような上空からの眺望はみることの叶わぬものとして人びとの目を楽しませたことでしょう。御室仁和寺を南西の方角からながめた風景が描かれています。「御室仁和寺」には境内を飾る桜樹と幔幕を張って観桜に興じる人びとのようすが描かれており、本文の解説には「往昔より桜樹多く」、「弥生の花盛には都鄙の貴賤遊客春の錦を争ひ種々幕屏ひき栄え」たのだと記されています。ただ、そのような境内のにぎわいは挿絵からも伝わってくるのですが、肝心の「遊客」たちのようすはいまひとつわかりにくい。そのような不満を解消してくれるのが「御室花見」なのです。

「御室花見」（図三）は「御室仁和寺」に描かれた「遊客」のグループをクローズアップした体裁になっています。絵の右手前に丸に四つ目結の、左隅には波に千鳥の幔幕がみえます。丸

図二

に四つ目結は商家の主人とその内儀をかこむグループで、琴に三味線、琵琶といった鳴り物に、短冊と文箱も持ちこんでの遊宴です。敷物の上には酒と川魚をはじめとする肴もみえますから、春のひと日をゆっくり過ごそうという趣向。花も団子も、といったところでしょうか。ところが、桜よりも気になる「花」があるようで、隅にいる男性たちは幕の隙間から外をうかがっています。おなじく、波に千鳥の幕からも好奇の顔。ちょうど年頃の娘さんを連れた女性連が行厨《こうちゅう》を持参してやってきたのです。「桜もええけど、こっちもよろしいなあ」。

　絵の左上部には半時庵淡々の句、「鼎着《かなへき》てぬけ道はなし花《はな》の山」は『徒然草』五十三段をふまえたもの。酩酊が過ぎて宴席を興醒めさせた

図三

法師と、被着《かずき》を着て男性たちを魅了する女性との対比が実にたくみです。

三．観勝寺の桜

かつて洛東にあった安井観勝寺は藤の名所として知られていました。『都名所図会』巻三に載る「安《やす》井《い》観勝《くわんしやう》寺《じ》」の挿絵（図四）にもみごとな花房をつけた藤棚が描かれています。

ところで、『拾遺都名所図会』にはどこの名所を描いたのか判別しにくい挿絵がいくつかあります。巻二に載る挿絵（図五）もそのひとつで、場所に関する記述はありません。ヒントになりそうなものといえば、絵に付された賛の句のみ。そこで注目したいのが、左上部にみえる半時庵

図四

淡々の句、「白藤《しらふぢ》の浪の底《そこ》にも酢味噌《すみそ》かな」です。挿絵には桜が描かれていますが、藤はみあたりません。それぞれみごろをむかえる時期が異なっているのですから当然です。ではなぜ、賛の句に藤が登場するのか。それはここが藤の名所である安井観勝寺だから、ということになります。絵の左端にみえる鳥居も、「安井観勝寺」の鳥瞰図で確認することができます。仁和寺の絵のようにおなじ季節の絵をクローズアップして描くのではなく、時期をずらして別の花にかえたところに工夫がうかがえます。つまり、藤の名所であるけれど桜も堪能できるのだということを示しているのです。

　絵の右側には観桜に訪れた女性たち。つきしたがう男性たちは二本差しの侍ですから、武家

図五

方とゆかりのあるグループとみうけられます。ここ観勝寺には、明正院とその父母である後水尾院、東福門院の尊牌《そんぱい》が安置されていました。東福門院といえば、徳川家から入内《じゅだい》された方。なるほど、絵に描かれた振袖の女性はその逆で、これから江戸に嫁ぐ公家方の娘さんなのです。今後の身の無事を祈願しつつ、京都で最期の桜を楽しもうということなのです。

四．名所図会のなかの桜

そもそも名所とは、和歌に詠《よ》まれた歌枕のことを指し、京都には多くの桜の名所がありました。ただ、それを列挙するだけでは面白みに欠けます。それぞれの名所に意味を付加し、物語に仕立てながら紹介する。これが名所図会という本の手法であり、観光という近代的な概念へとつながる素地を築いたのです。桜花に魅せられる日本人の心性もまた、名所図会がひとつの契機となってかたちづくられたといえるでしょう。

夏の景

雨音とホトトギス

梅雨
白屋黄梅雨
蕭蕭撫枕寒
南山朝暮色
不作出門看
服元喬

梅雨
白屋黄梅ノ雨
蕭蕭トシテ枕撫シテ寒シ
南山朝暮ノ色
門ヲ出テ看コトヲ作不
服元喬

「（郭公）」『拾遺都名所図会』巻二

郭公《ほとゝぎす》の名所《などころ》は
新熊野《いまくまの》剣宮《つるぎのみや》の
ほとりをいふ也。

「新古今」
さみだれの
月はつれなき
みやまより
ひとりもいづる
郭公かな

定家

雨は天から地にもたらされる恵みとはいえども、梅雨の季節は気分も湿りがちになるもの。誰しもが味わうこの感覚は、今も昔もかわりはないはず。ところが、江戸時代の京都には気晴らしとなる風物があって、人びとをおおいに楽しませたという。

『拾遺都名所図会』の挿絵にその答えをみつけることができます。絵の右上には「梅雨」と題する漢詩。作者は「服元喬」、儒学者で知られた服部南郭です。また、左上の解説には「郭公の名所は、新熊野剣宮のほとりをいふ也」とあり、『新古今和歌集』に載る藤原定家の和歌が引用されています。「さみだれ」は五月雨と書き、梅雨のことを指す。つまり、長雨の時期に声を聞かせるのがホトトギスだったのです。かの清少納言もその鳴き声を聞くために夜を明かしたといいますから、雨音だけが静かに響く季節の、唯一の楽しみといえるでしょう。

挿絵には、菅笠《すげがさ》に杖をつき、脚絆《きゃはん》をつけた男女がひと組、里人に道を尋ねているようす。足元の悪いなか、「剣宮はどこやろか」。すると里人、藁打つ手をとめ、「あの、山あいのほうや」。剣宮とは現在の剣神社のこと。東山三十六峰の南端にほど近いこのあたりは、江戸時代、ホトトギスめあての文人墨客でにぎわったといいます。絵のひと組もまた、そうした風流を理解する人たちなのです。

『雨月物語』(安永五年(一七七六)年刊)の作者である上田秋成に、五月雨のそぼ降る夜、盗人に入られたというエピソードが残されています。雨音のなかにホトトギスの声を待つうち、つい眠りこんでしまう。ふと目覚めてみると、枕辺には賊の足跡。この賊、盗みに入ったはよいが、目ぼしいものを何ひとつ持たない閑居の主に、手紙を残して去る。そこには哀れみのことばとともに、主が作りかけていた和歌の上句に下句が書き添えられていた。もしも起きていたならば盗人と語り合えたのに、と口惜しがるという話です。ちなみに、その年の最初に聞かれるホトトギスの声を忍音《しのびね》といいます。秋成の場合、雨音で消されてしまったのは忍音でなく、忍び入る足音だったということなのでしょう。

なお、洛中からみて剣宮とは反対の方角にある沓掛《くつかけ》もまた、ホトトギスの名所であったことが、『都名所図会』の挿絵で知られます。

「(沓掛の郭公)」『都名所図会』巻四

三十三間堂の杜若《かきつばた》

「蓮華王院 燕子花」『都林泉名勝図会』巻三

おらで見る
こゝろやへだて
かきつばた

里村昌逸

燕子花
薫風吹動ス綺羅ノ衣
巨仏堂南歩違不
榻上麗人何語ル所ゾ
笑テ言紫燕池ニ飛ブ
鶴山 畑維龍

目には青葉のこの季節、ちょうどアヤメ科の花々がみごろをむかえます。たとえば杜若《かきつばた》の名所となると、現在では大田神社や勧修寺、平安神宮あたりを連想される方が多いはず。では、江戸時代の京都ならばどこが挙げられるのか。『都林泉名勝図会』をみますと、蓮華王院三十三間堂が杜若の名所として紹介されています。挿絵は、かつて三十三間堂の東側にあった池に咲きそろう「燕子花《かきつばた》」を観賞しつつ、遊宴に興じる人びとのようすを描いています。池畔の南西にはそれぞれ掛け小屋が設けられ、小間に仕切られていました。入れごみではない、ゆったりとしたスペースですから、初夏のひと日を落ち着いて楽しむことができたのです。

絵の右端から、総髪の男性が手に扇を持つ男性と歓談しています。心地のよい季節とはいえ、水面の近くはやはり冷える。そのため、傍らには火鉢が置かれています。お隣は、男女五人の酒席。杜若より女性、酒、といったところ。

移って左の小屋、まずは家族連れで、茶店の上女中が飲み物を運んできたところ。子たちは外の草の上、女中に守りをしてもらっているのです。隣は男性三人で、花を指さしながら品評の躰《てい》。ひとり花に背を向けた男性は冷えがきついとみえ、火鉢に手をかざしています。

また、小屋の脇に植えられた松樹のあいだに、弓矢をたずさえた侍のすがたがみえます。ここは「通し矢」で知られた三十三間堂ですから、場違いではありません。ただし、通し矢の会場は池の反対側、三十三間堂の西縁です。もちろん、すこし足を伸ばして花を見物にきたとみることはできますが、絵の主役はあくまでも杜若。とすれば、「いわずもがな」の名物を読者に伝えるための心くばりとして、絵師が侍を描きこんだとみたほうがよいでしょう。

ところで、宝暦六（一七五六）年四月八日、本居宣長は杜若をみるために三十三間堂を訪れたと『在京日記』に記しています。あいにくこの年は朝夕が冷え、風の吹く日も多かったために、盛りの時期が遅れていたようで、花をみることは叶いませんでした。翌年三月二十日にふたたび同所を訪れますが、それは少々せっかちというもの。花はおろか蕾《つぼみ》もついていなかったとか。ともに旧暦のエピソードです。

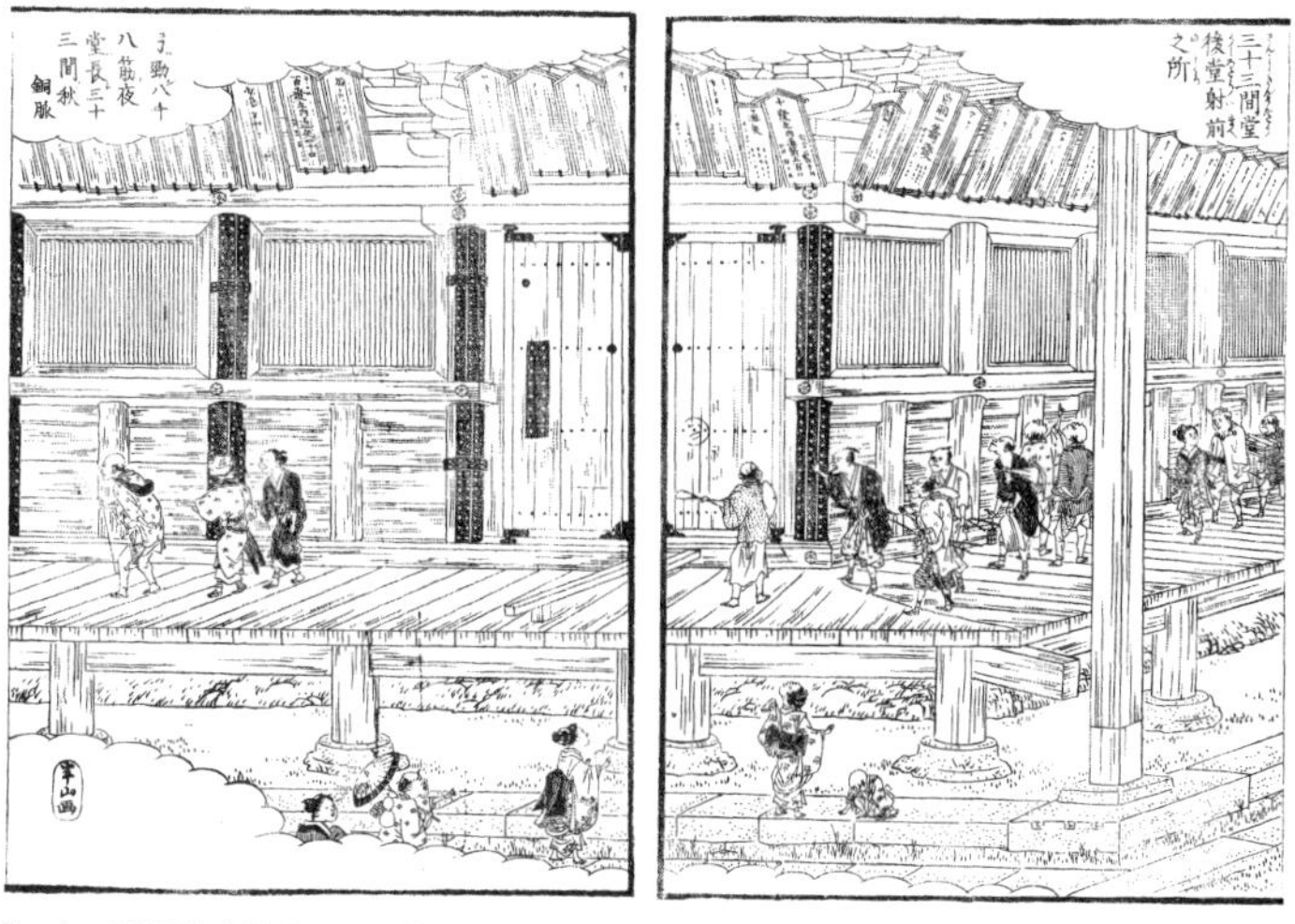

「三十三間堂後堂射前之所」『再撰花洛名勝図会』巻四

手洗の水

手洗水《てうづのみづ》は
烏丸通錦《からすまるどをりにしき》小路の
北にあり。
むかし大政所《まんどころ》町に
祇園御輿《ぎをんみこし》の
御旅所《たびしよ》ありしとき、
参詣《さんけい》の輩《ともがら》こゝにて
手水《てうづ》なしける。
此例《ためし》により

「(手洗水)」『都名所図会』巻二

今も六月七日より
十四日まで
井《ゐ》をひらきて
手水所《てうづしよ》とする也。
凄冷《しやうれい》たる
清泉《せいせん》にて比類《ひるい》なし。
此水《みづ》を服《ふく》すれば
疫《えやみ》をのがるゝとぞ。

水清らかな京都の地は、名水とたたえられる井戸がそこここにあります。染井の水に柳の水、亀の井、御香水など、数えあげるときりがない。いつの世もかわることなく、水は人びとのくらしを潤《うるお》してきました。

京都の夏をいろどる祇園祭もまた、名水によって支えられています。たとえば、室町通四条上るにある菊水の井は鉾の名の由来としてもよく知られるところ。そして、忘れてならないのが、烏丸通錦小路を上る東側の御手洗井《みてあらいい》です。

ここの水は手洗《ちょうず》の水といい、身のけがれを祓《はら》い浄《きよ》めるという大切な役割を果たしています。こんにちは七月十五日から二十四日の十日間だけ、井戸が開放されます。江戸時代には祇園祭とはいわず、祇園御霊会《ぎおんごりょうえ》、略して祇園会と呼ばれる水無月《みなづき》の行事でした。ですから、この手洗の水も、六月七日から十四日までの八日間にのみ、井戸が開かれていたのです。

『都名所図会』巻二に載る挿絵は井筒をかこむ人びとのすがたを描いています。手洗の水は烏丸通の東側にありますから、この絵は南西からのながめということになります。絵の上部に付された解説は次のとおりです。かつて祇園社(現在の八坂神社)の御旅所は烏丸仏光寺下る大政所町の東側にあった。御祭神が御旅所に遷《うつ》られるあいだ、参詣の人びとが手洗の水を手水にもちいるによってその名がつけられた。また、この水を飲むと疫病にかからずにすんだという。

絵の右側、木瓜紋《もっこう》をほどこした軒下に木組みの井筒がみえます。その傍らの男性ふたり、手を浄めるのは京の人、口を漱《すす》ぐのは他郷の人で、解説にもあるとおり無病息災を得ようとしているのです。井筒の脇の菅笠《すげがさ》から、知人の案内で祇園会見物をする旅人と知られます。絵の左側、二本差しの侍も他郷の人で、小者に井戸の説明をもとめているようす。また、鉾町の子たちを連れたお母さん、瓶子《へいし》や松の枝をもつ女性もやってきます。神前にお供えするものは浄めなければなりませんから、こうして手洗の水が使われたのです。

ところで、祇園会の期間、氏子は胡瓜《きゅうり》を食べないという習わしがあります。儒医であり歴史家としても知られた黒川道祐が著した『遠碧軒随筆』に、「祇園の木瓜はきうりの事なり」と記されています。つまり、祇園社の神紋である木瓜は胡瓜をかたどっているため、氏子は口にするのをひかえたのです。旬の味覚を味わえないのは残念ですが、神さまに疫病を鎮めてもらうため、すこしの我慢はせねばならぬということなのでしょう。

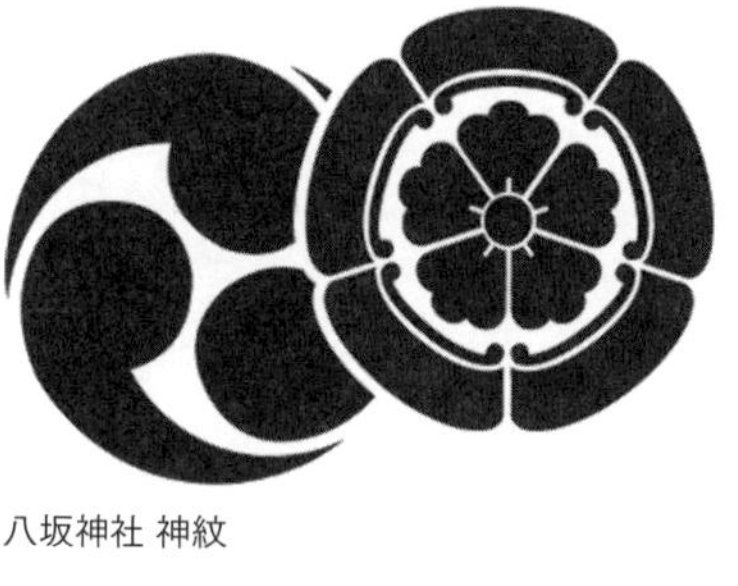

八坂神社 神紋

祇園宵山飾

「祇園会 宵山飾図」『諸国図会年中行事大成』巻四

クローズアップ

山飾りを展示する町家には町内の男性たちが当番で詰めているのがみえます。羽織袴だけでなく肩衣に袴を着た裃すがたの男性もいるのは、江戸時代、武士の正装である裃が町人の礼装だったためです。

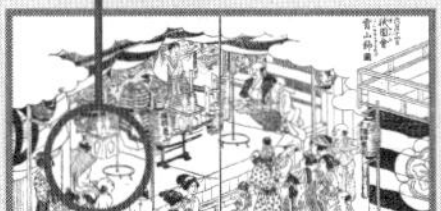

江戸時代までの祇園祭は、祇園御霊会《ぎおんごりょうえ》や祇園会と呼ばれる六月の行事でした。『諸国図会年中行事大成』には、橋弁慶山の町内で山飾りを展示する宵山の景を描いた挿絵が載ります。左上の町家の中には、山飾りである牛若丸と弁慶とがみえ、この人形を間近でみようとやってきた人びとでにぎわっています。

この飾りは謡曲「橋弁慶」を題材にしたもので、巡行の本番には山に五条橋が組まれ、擬宝珠の上から橋上の弁慶に切りつける牛若丸のようすが再現されます。

『諸国図会年中行事大成』の本文によると、みどころのひとつは片足で擬宝珠に立つ牛若丸で、「米二、三斗目許《ばかり》」（三十から四十五キログラム）ほどある人形を鉄製の足駄の前歯だけで支えていること。この足駄は橋弁慶山の町内に住んでいた右近信国の作で、南蛮渡来の鉄でできているといいます。絵では擬宝珠に立つ左足はみえないものの、後ろに上げた右足の足駄が確認できます。また、弁慶が身につけているものとは別に、胴丸と刀二本とが飾られています。これは室町時代の作と推定され、もとは弁慶の人形が着していたのだとか。現在では京都国立博物館に収蔵されています。「橋弁慶山」の名からすれば、弁慶の全貌を描くのが自然なように感じられますが、この胴丸と二本の刀を描くことで、下半身だけみえているのが弁慶であることが連想できるようになっているのです。あえて弁慶の顔をみえないように描くことが、この絵をみた他郷の人びとに「本物をひと目みたい」

と思わせる趣向なのかもしれません。

右中央あたりには帽子を被ったお母さんと娘さんたちの四人連れ、その左横には男児二人を連れた下男。さらに左隣、振袖と小袖の女性二人は後ろすがたの武士と挨拶を交わしています。左端の母娘は、正面からはみえにくい牛若丸の足駄をみようとしているようす。

この展示を見物できるのも宵山まで。翌十五日の後祭では「籤《くじ》取らず」の橋弁慶山を先頭に山が巡行したこと、おなじ『諸国図会年中行事大成』に載る「祇園《ぎおん》会《ゑ》山渡《やまわたり》之《の》図《づ》」によって知られます。また、先述の五条橋上の弁慶と擬宝珠に立つ牛若丸のようすも確認できます。

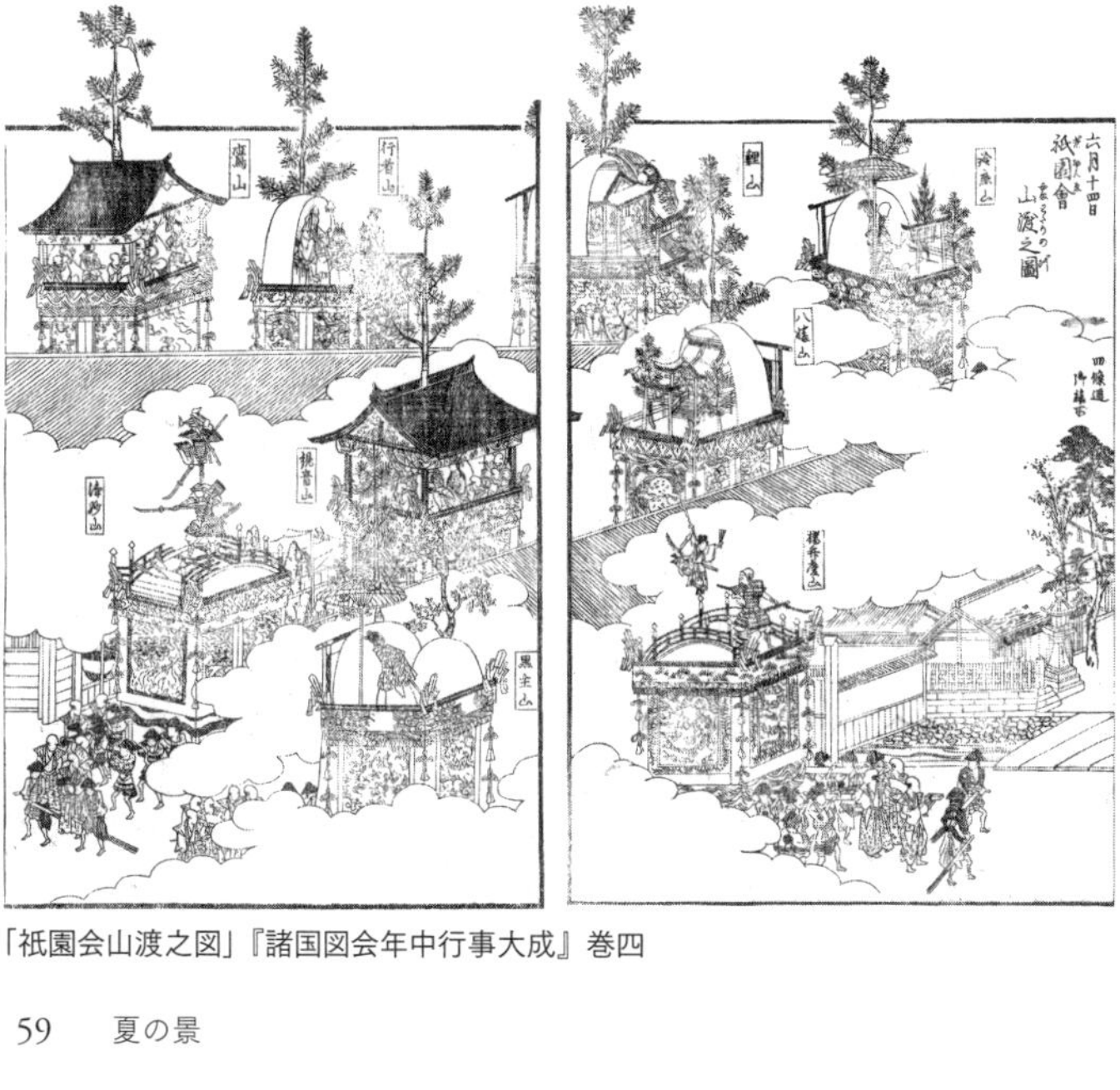

「祇園会山渡之図」『諸国図会年中行事大成』巻四

水《み》無《な》月《づき》、夏《な》越《ごし》の祓《はらえ》

「夏越祓之図」『諸国図会年中行事大成』巻四

「千載」
けふくれば
麻のたち枝に
ゆふかけて
夏みな月の
はらへをぞする
藤原季通朝臣

水無月《みなづき》の名越しの祓へする人は
千歳の命延ぶといふなり

これは、いまから千年ほど前に編まれた『拾遺和歌集』に載る、読み人知らずの和歌です。「水無月」とは六月のこと、「名越しの祓へ」とは晦日《みそか》におこなわれていた大祓のこと。いわゆる夏越《なごし》の祓《はらえ》を詠んでいるのです。夏越の祓はこんにちも、諸神社の神事として知られています。

『諸国図会年中行事大成』には、いずれの神社かは特定できないものの、夏越の祓のようすを描いた挿絵が収載されています。

絵の中央には人の背丈よりも大きな輪、これが茅《ち》の輪です。その昔、神がみがまだ人の側近くに住んでおられた頃のこと。素戔嗚尊《すさのおのみこと》は南海の女神に会いにいく途中、貧しい蘇民将来《そみんしょうらい》から心づくしのもてなしを受けられた。一宿一飯の礼として、蘇民に茅の輪を作ることをお告げになる。その後、疫病が流行するも、茅の輪の効力によって蘇民の家族は難を逃れたという。これが夏越の祓に茅の輪をくぐれば無病息災を得るといわれる由縁なのです。絵の老若男女、身分にかかわらず、こぞって利益《りやく》を授かろうとしています。

江戸の国学者、津村淙庵《そうあん》は、寛政五（一七〇三）年の水無月晦日に下鴨神社を訪れたことを『思出草』に記しています。日が西にかたむく頃、御手洗川《みたらし》のほとりは多くの人でにぎわい、暑苦しいほどであったとか。それでも、灯籠に照らされた境内のようすや、神事の後に祓の声が朗々と響くさまなどに、神々しさを感じていたようです。

拝殿の鈴の左側にみえる御神灯、願主は「速水氏」に「亀屋」とあります。「速水氏」は、『諸国図会年中行事大成』の著者、速水春暁斎の名にちなむもの。春暁斎は挿絵も描きましたから、筆の遊びとみられます。「亀屋」は、千歳どころか万歳の命を願う、といったところでしょうか。

絵の左側、鳥居の上のあたりに露店が出ています。看板には「よねまん」という文字、饅頭《まんじゅう》屋です。茅はイネ科の植物ですし、餡の材料である小豆は邪気を払うと考えられていましたから、売れ行きは上々。ところが、鳥居の下、せっかくの「よねまん」を落とした人がいるようです。それに気づいた丁稚《でっち》どん、饅頭の入ったつつみを拾おうとしています。「しめしめ、今日はついてる」、自然と目尻が下がる。このような、絵師のこまかい演出を読みとることが、挿絵を読む醍醐味《だいごみ》だといえます。

神さびの納涼

「河合納涼」『都林泉名勝図会』巻二

「新古今」
鴨社の歌合とて
人々よみ侍ける月を

石川や
せみのを川の
清ければ
月もながれを
たづねてぞすむ

鴨長明

こゝろまで
涼しくなりぬ
御祓川《みそぎがわ》

籬島

盆地にある京都の夏は、湿度が高く、暑さもきびしい。江戸時代の人びとはわずかな涼をもとめて川辺につどいました。たとえば、鴨川は四条河原の夕涼み。ここでは祇園会《ぎおんえ》（現在の祇園祭）の前の祭りにあわせた六月七日から十八日の期間、夕涼みがもよおされていました。また、十九日から三十日には、上流の下鴨社で、夏越《なごし》の祓《はらえ》にあわせた納涼がもよおされていたのです。

『都林泉名勝図会』に載る「河合納涼《ただすのすずみ》」と題する挿絵には、当時の納涼のようすが描かれています。「河合」とあるのは下鴨神社の摂社である河合神社のこと。社前を流れる瀬見の小川や御手洗川《みたらしがわ》を利用して、涼を得るという趣向なのです。

絵の上部、左右にかかる霞は「名所図会」の挿絵にしばしば描かれることがあります。これは距離を省略するための工夫で、この絵の場合、実際には河合神社の鳥居と茶店とはすこし離れていたのです。

絵をみると、川べりにある茶店が、それぞれ川中に床几《しょうぎ》や魚籠を設《しつら》えているのがわかります。ここでは鳥や川魚などを使った生洲《いけす》料理をはじめ、真桑瓜や心太《ところてん》、御手洗団子などの甘味を食すことができたと本文の解説に記されています。また、黒川道祐が著した『日次紀事《ひなみきじ》』によると、鯉の刺身や鰻の蒲焼き、桃、林檎なども名物として挙げられています。家で待つ子たちには、蒲鉾やほおずきをみやげにもとめて帰ったのだとか。

ここの納涼は、川のせせらぎを肴にゆったりと暑気払いをする通好みの場所。ですから、絵の右や左にみえる茶店で客引きをしている女性の物腰も、どことはなしに落ち着いているのです。一方、左の茶店「とりや」のあいだにみえるのは、裃《かみしも》に二本差しの、武家方の一家です。どうやら対岸の「はなれ」に招かれたようで、出むかえの二人が小橋を渡っています。「ようこそ、お待ち申し上げておりました」。

慶応三（一八六七）年の六月十六日、越前福井藩主の松平春嶽は下鴨社の禰宜《ねぎ》である鴨脚《いちょう》家に招かれたという。まずは生菓子に干菓子、薄茶、濃茶のもてなしをうけた後、みやげとして持参した重詰めの料理に舌鼓を打つ。さらに、御手洗川で獲れた鮒《ふな》の煮付けや鴨脚家の庭園、十六夜の月などを肴に酒を酌《く》み交わしたこと、『京都日記』に記されています。春嶽の場合、ここの納涼が始まる直前の来訪ではあったのですが、その涼しさは十分に堪能したはず。御所からほど近く、中京の喧噪からは距離をおく神さびの納涼は、上流層の人びとにも親しまれたことが知られます。

七夕の蹴鞠

「七夕 蹴鞠」『都林泉名勝図会』巻一乾

飛鳥井家《あすかゐけ》に倣《なら》ひて、
けふなん此わざを
催す人々あり。
是が中に
高足《かうそく》とかいふものは、
官家《くはんけ》には
なきこと也といへど、
これも又
折《おり》にあひたりとおぼえて
たはぶれに口号《くちづさみ》ける

久方の天津空まで
揚まりもあひあふ星や
けふはうくらん

閑田子蒿蹊

「蹴鞠《しうきく》」は、ハンドボールほどの大きさの革製の鞠を、手を使わずに、足で高く蹴り上げるスポーツです。鞠《まり》を地上に落とさないようにしながら、できるだけ多く蹴りつづけます。江戸時代、飛鳥井家と難波家とが幕府に公認された蹴鞠道の家元でした。七月七日には蹴鞠の興行が各家でもよおされ、多くの人が見物に訪れたといいます。『都林泉名勝図会』には、この七夕におこなわれていた蹴鞠のようすを描く挿絵が収載されており、蹴鞠をたしなむ人だけでなく、多くの見物客でにぎわっていたことが知られます。

津村淙庵《そうあん》の『譚海《たんかい》』には次のように記されています。

> 七夕には飛鳥井・難波両家に蹴鞠の興行あり、見物の人中庭より門外に至るまで群集する事也。すべて蹴鞠を嗜む人、飛鳥井家の弟子になり、官位を得る事也。

これをみると、蹴鞠をする人はみな、飛鳥井家に師事し、官位を賜るのだとあります。また、用明天皇の御代に中国から伝来したこと、文武天皇の御代には内裏でも蹴鞠がおこなわれるようになったこと、近江国志賀郡の松本精大明神が鞠の神を祀ることなどが、『都林泉名勝図会』の本文に記されています。

挿絵には烏帽子《えぼし》を被った男性八人が、四隅の松を元木とする懸《かかり》（鞠壺とも）で蹴鞠に興じるようすが描かれています。花房駿《はなぶさしゅん》の『漫遊日記』には「四人袴を着、革踏《くつ》をはき、四隅に居、互ひに受流し蹴揚たるも興あり」と記されており、四人で競技する場合もあったことがわかります。なお、絵の左上の賛は、七夕の逸話と蹴鞠とをかけて詠じた伴蒿蹊《こうけい》の和歌です。

ところで、蹴鞠では鞠を蹴るときに「アリ」「ヤア」「オウ」と声をかけ合います。これは蹴鞠の精「夏安林《かあんりん》」「春陽花《しゅんようか》」「桃園《とうえん》」の名にちなむもの。『伊勢参宮名所図会』巻一の「松本村松本社」の項目には、この蹴鞠の精が鞠の名手として名高い藤原成通の夢枕に現れたときのようすを描く挿絵が載ります。

「蹴鞠精神」『伊勢参宮名所図会』巻一

大文字と頼山陽

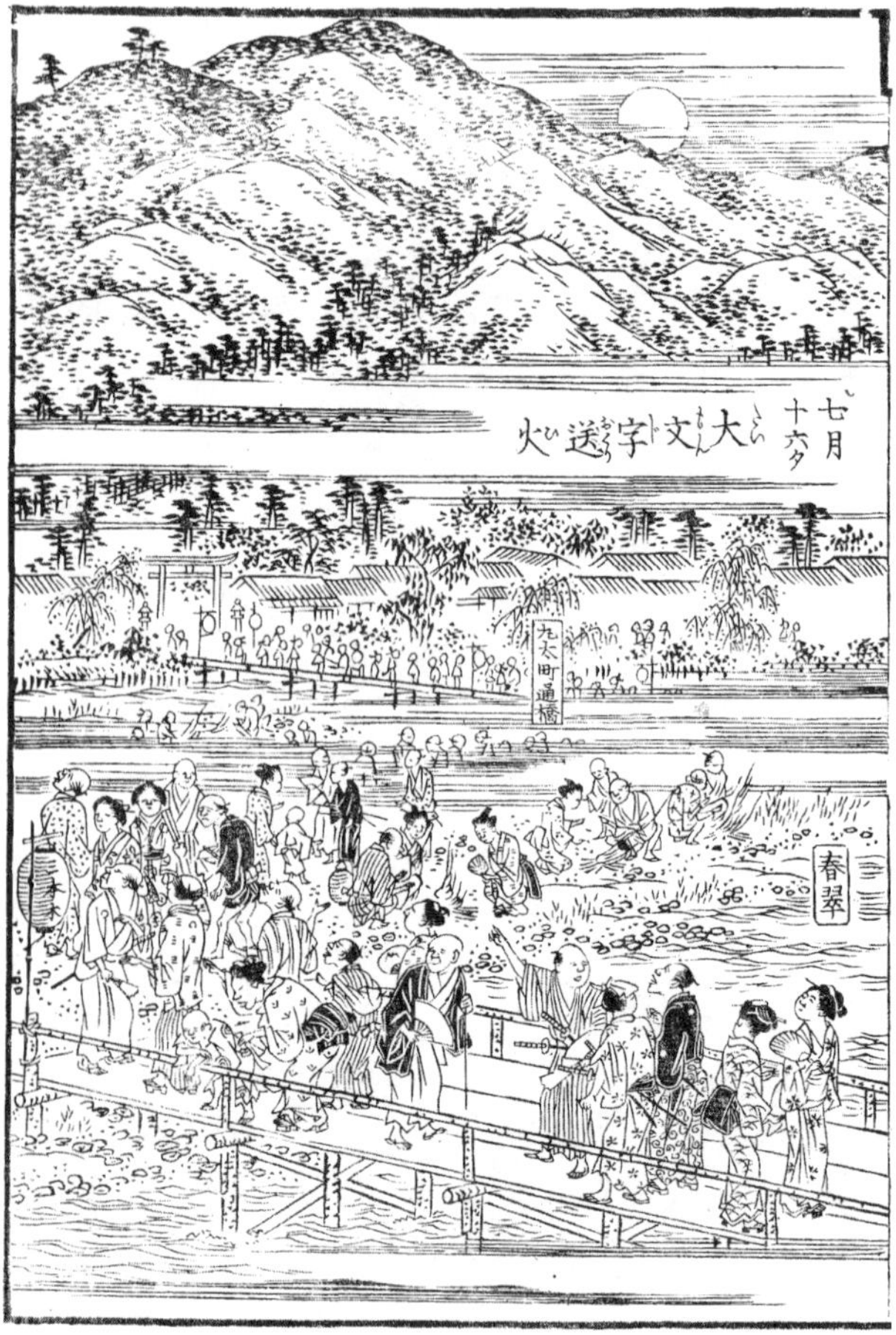

「大文字送火」『再撰花洛名勝図会』巻二

大文字《だいもんじ》はじめにほつと
一炮《ひとけぶ》り
蒼虬

先ヲ祀リ素饌俎豆作シ
如意峰ノ頭照ス冥燈
大字已ニ消テ山色黒シ
一輪ノ秋月寒光ヲ吐ク
小田海僊

八月十六日、盂蘭盆《うらぼん》の夜空をいろどる送り火は、京都の夏を代表する風物です。江戸時代は旧暦ですから、今日とは異なり、七月十六日におこなわれる初秋の行事でした。此岸《しがん》へもどられた祖霊を彼岸へとみちびくために送り火を焚き、火の消えたあとは十六夜の月が西方浄土への道のりを明るく照らすのです。

元治元（一八六四）年に出版された『再撰花洛名勝図会』には、当時の大文字送り火のようすを描いた挿絵が収載されています。絵の右手中ほどに「丸太町通橋」が、また、右手前の小橋には「三本木」の文字を記した提灯がみえます。つまりこの絵は、鴨川右岸の三本木から如《にょ》意ケ嶽《いがたけ》の大文字をのぞむ構図となっているのです。頭上に「大」の文字を仰ぎつつ、めいめいが小さな送り火を焚き、蓮の葉に乗せた供物を川へと流す。この日の鴨川畔は、精霊送りの人びとであふれます。先祖の霊を敬いながら手をあわせるようすが、絵によっても知られます。

本文をみると、蕉門の俳人である宝井其角《たからいきかく》の句が紹介されています。

薄雪や大文字かるゝやまの草

また、解説には「冬の日、雪の朝《あした》、この文字の跡に雪積もりて洛陽の眺《ながめ》となる」とあり、大文字が冬の風物でもあったことがわかります。江戸の幕臣で狂歌師として知られた木室卯雲《きむろぼううん》は、『見た京物語』のなかで雪の大文字についで記しています。山一面に雪が降り積もるようなとき、文字は消えてしまう。春、雪が解けだす頃になってようやく、「大の字白く見えわたる」のだとか。

ところで、この挿絵はなぜ三本木からの眺望を描いているのでしょうか。江戸時代後期の三本木にゆかりのあった人物といえば、やはり、「三十六峯外史」とも号した頼山陽です。三本木にあった山陽の居宅は「山紫水明処《さんしすいめいしょ》」と名づけられ、東山三十六峯をみわたすには好都合の立地でした。おそらく、送り火を肴《さかな》に盃を傾ける山陽の目に映った景色こそが、この絵の情景なのでしょう。

そもそも『再撰花洛名勝図会』の本文は、頼山陽の「鴨河図巻記」と題する漢詩文で始まります。編著者の平塚飄斎《ひょうさい》は京都町奉行所の与力で、山陽と交遊のある人物でした。なるほど、居宅に招かれた飄斎が山陽と同席しているという趣向で描かれた挿絵とみることもできそうです。

なお、幕吏《ばくり》であるにもかかわらず、飄斎は安政の大獄で蟄居《ちっきょ》を命ぜられます。そのため、『再撰花洛名勝図会』は暁鐘成《あかつきかねなる》と川喜多真彦《まひこ》の両名が表向きの編著者ということになっているのです。

四条河原の夕涼み

一．避暑の好適地

京都の気候について知る人の多くは、「寒暑が厳しい」という印象を共有しているのではないでしょうか。盆地という地勢によりもたらされるこの印象は、現代にかぎらず、それぞれの時代を生きた人びとにも共通していたはずです。

安政二（一八五五）年、出羽国庄内の清川村から老母を伴い上京した清河八郎は、旅日記『西遊草』のなかで次のように記しています。

午時は熱して中々出《いず》る事の叶わぬ故、旅舎にたたずみけれども、やはりたへがたき事ままあり。

筆者はのちに新撰組の前身である浪士隊を率いたことで知られる人物。東北からやってきた八郎親子にとって水無月《みなづき》の京はこたえたようで、酷暑に苦しんだことを随所に記しています。また、江戸贔屓《びいき》の八郎は京坂の風俗や文化を貶《けな》すことが多く、かの祇園御霊会（現在の祇園祭）さえ「張合の抜たる祭礼」と言い放ちます。一方、八郎が評価した数少ないもののひとつに「四条涼」があります。これは鴨川の四条河原でおこなわれた夜間の納涼行事で、次のように評しています。

此《この》四条涼《すずみ》は屋根のかざりもなく、美なる様もあらざるに、清泉に足をひたし、清風に身を翻《ひるがえ》す、誰人のさへぎるものもあらで、三伏の熱をわするる、是炎時の極楽地ともいふべし。

三伏《さんぷく》とは初伏・中伏・末伏をいい、それぞれ夏至以降の三度目・四度目・立秋以降の初めの庚《かのえ》にあたる日を指します。夏でもっとも暑いとされる時期です。この「炎時の極楽地」

が「京師第一の奇観、第一の佳勝」なのだと八郎はたたえます。
この清河八郎のいう「京師第一の奇観、第一の佳勝」である四条河原の夕涼について、江戸時代の地誌や日記、随筆を手がかりにして探ってみましょう。

二．地誌のなかの四条河原の夕涼

まずは、地誌にみえる記述を確認しましょう。延宝四（一六七六）年に著された年中行事書である『日次紀事《ひなみきじ》』に、六月の行事として次のとおり紹介されています。

初七日［神事］祇園会（中略）凡ソ今夜自リ十八日ノ夜ニ至テ四條河原水陸寸地ヲ漏サズ床ヲ並ヘ席ヲ設ケ良賤般楽ス。東西ノ茶店挑燈ヲ張リ行灯ヲ設ケ恰モ白晝ノ如シ。是ヲ涼ミト言フ。其ノ中十三日ノ夜ニ至テ殊ニ甚シ。是レ夜宮ニ因テ也。

これによると、四条夕涼は祇園御霊会にあわせておこなわれ、六月七日から十八日に開催されていたことが知られます。

元禄十七（一七〇四）年に出版された地誌『宝永花洛細見図』巻六には夕涼を描く挿図（図一）が載り、図の上部には「六月七日自十八日迄四条川原すずみあり」とその開催期間が記されています。これをみると、川中に床几《しょうぎ》が設けられ、そこで男女や歌舞伎妓らが酒食・音曲などに興じるようすがわかります。

安永九（一七八〇）年に出版された地誌『都名所図会』巻二のうち、「四条河原夕涼」の項目は開催期間を明示したあと次のようにつづきます。

> 東西の青楼《せいろう》よりは川辺に床《ゆか》を設け、燈《ともしび》は星の如く、河原には床几《しやうぎ》をつらねて流光に宴《ゑん》を催《もよほ》し、濃紫《こむらさき》の帽子は河風に翩翻《へんぽん》として色よき美少年の月の明《あか》きにおもはゆくかざす扇の

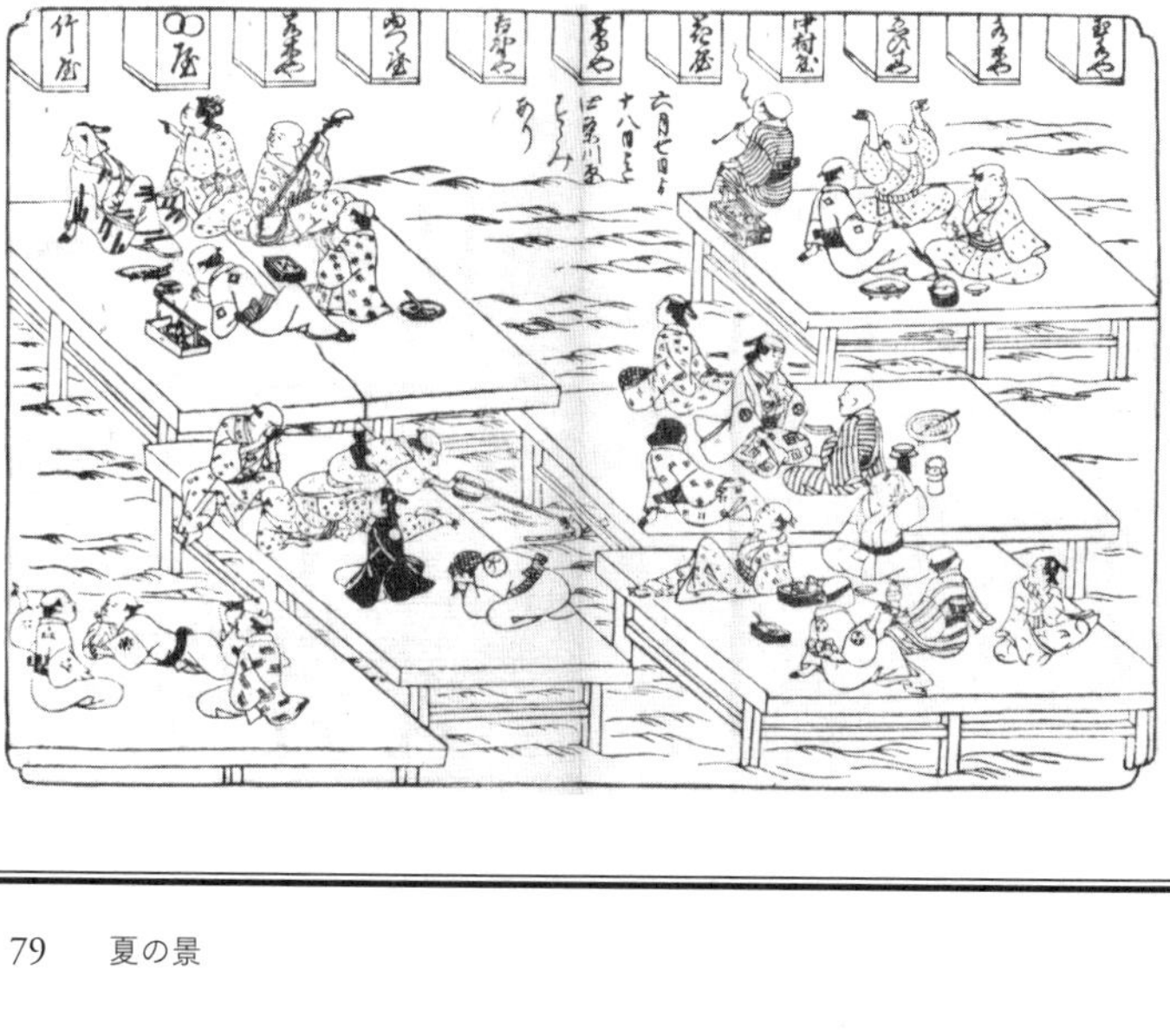

図一　『宝永花洛細見図』巻六

なまめきてみやびやかなれば、心もいとゞきそひてめかれせずそゞろなるに、妓婦《きふ》の今を盛《さかり》といろはへて芙蓉《ふよう》も及ばざる粧《よそほ》ひ、蘭麝《らんじや》のこまやかに薫《かほ》り、南へ行《ゆき》北へ行。淹茶《だしちや》の店に休《やすら》ふては山吹の花香《はなか》に酔《ゑい》を醒《さま》し、香煎《かうせん》には鴨川の流れを汲《く》んで京の水の軽《かるみ》を賞し、かる口咄《くちばなし》は晋《しん》の郭象《くはくしやう》にも勝《すぐ》れて懸河《けんが》の水を注《そそぐ》が如し。物真似は函谷《かんこく》関《くはん》にもおとらぬかや。猿狂言《さるのきやうげん》、犬のすまひ、曲馬曲枕、麒麟《きりん》の縄渡《つなわたり》は鞦韆《しうせん》の俤《おもかげ》にして、哨吶《ちやるめら》の声かまびすく、心太《こころぶと》の店《たな》には瀧水滔々《りうすいたうたう》と流《ながれ》て暑《あつさ》を避《さけ》、硝子《びいどろ》の音《をと》は珊々《さんさん》と谺《こだま》して涼風《りやうふう》をまねく。和漢の名鳥、深山の猛獣も、ここに集《あつめ》て観《みせもの》とし、貴賤群《きせんぐん》をなして川辺に遊宴するも、御禊川《みそぎがわ》の例《ためし》にして、小蝿《こばえ》なす神を退散し、牛頭《ごづ》天皇の蘇民《そみん》将来《しやうらい》に教給ふ夏《なつ》はらへの遺法《いほう》なるべし。

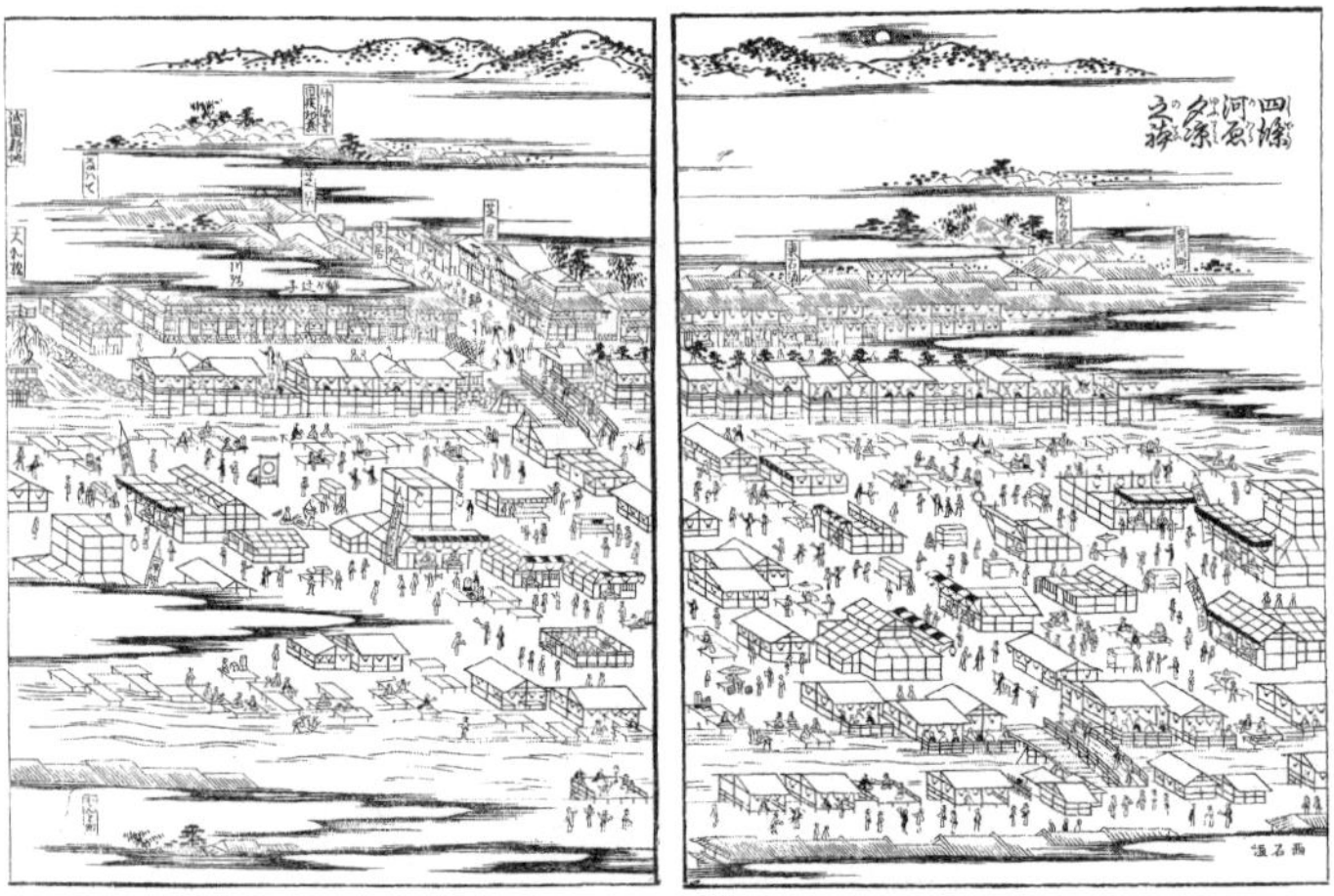

図二　『都名所図会』巻二「四条河原夕涼之躰」

これまで紹介した文献に比すると、文章量が大幅に増えていることがわかります。ここを訪れた客層、河原の露店であつかっていた商品や小屋の演《だ》し物について詳述している点、祇園御霊会《ごりょうえ》とのかかわりから「牛頭天皇」「夏はらへ」の語がみえる点が、とくに興味深いところ。くわえて、『宝永花洛細見図』の図よりもひいたアングルで描かれた挿図が収載されています（図二）。

寛政十一（一七九九）年に出版された地誌『都林泉名勝図会』巻一には、「みな月半《なかば》、祇園の夕《ゆふ》涼《すずみ》に美艶《びゑん》を粧《よそほ》ふ風姿《ふうし》のゆき〳〵、万灯《まんとう》水の流《ながれ》に輝き、河原表《おもて》の壮観《さうくわん》、みな平天下《へいてんか》の謳歌なるべし」という簡略な解説とともに、夕涼でにぎわう四条河原西側のようすを描いた挿図が載ります（図三は二枚続きのうちの後半部）。図の左下にみえるのが鴨

図三『都林泉名勝図会』巻一「夕涼其弐」

川で、砂州に香煎《こうせん》や西瓜を売る露店、落語や小芝居の小屋が建ちならんでいたことがわかります。

三．旅人にとっての四条河原の夕涼

戯作者として知られる曲亭馬琴は『羇旅漫録《きりょまんろく》』のなかで「京によきもの三ツ、女子、加茂川の水、寺社」と評しています。その「長く流れて水きよらか」な点を高く評価してぃることや、江戸贔屓であることが、先述の清河八郎と共通しています。では馬琴はこの夕涼をみてどのように記述しているのでしょうか。おなじく『羇旅漫録』をみてみましょう。

納涼は四条、二条の河原よし。四条には義太夫或は見せもの等いろいろあり。二条河原には大弓、楊弓、見せ物あれど四条尤にぎはへり。しかれども河原は昼の炎暑に石やけて、ほてりいまださめず。流れに水みちて人すくなければ、かへりて二条、四条にまされり。

「見てすずしきもの、ただすの御洗井《みたらい》、かも川の流れ」と褒《ほ》める馬琴ではあるものの、実際の河原での納涼は「ほてりいまださめず」と表現しています。みるにはよいが実態は異なるということでしょう。さておき、殷賑《いんしん》を楽しむならば四条、涼をもとめるならば二条と評していることがわかります。

曲亭馬琴は享和二（一八〇二）年の記録です。さかのぼって、明和三（一七六六）年に上京した木室卯雲《きむろぼううん》の感想をみてみましょう。『見た京物語』には次のように記されています。

四条のすずみに所々芝居あり。みなかるわざ見せもの等なり。爰に明りのため、松のひでを焚く。芝居葭簀《よしず》囲ひなれば表へすき通り、悉《ことごと》くよく見える。夫を三条の橋などより見わたせば、挑灯もおびただしく火もみゆるゆゑ、江戸の火事場の如し。

八郎や馬琴よりやや軟化しますが、京の文化を「かみしめてむまみなし」「きれゐなれど、どこやらさびし」と表現する卯雲もまた江戸贔屓であることにかわりはありません。その卯雲が「江戸の火事場」のようだと記しているのは、火事場のにぎやかさにイメージをかさねた、好意的な評価だといえます。

四．文化という観光資源

ここでとりあげた四条河原の夕涼については、ほかにも円山応挙や鳥居清長、歌川広重、歌川国芳らの作品にも描かれています。これらの図像は、京の夏の風物としての夕涼のイメージを人びとにうえつける役割を果たしたと考えられます。酷暑にみまわれる京の地勢を逆手にとった文化が、見物するに足る「名所」として定着したのです。地誌や絵画によって定着したこのイメージは、他郷から京を訪れる旅人の日記や随筆により、再生産されることになります。実際に、清河八郎、曲亭馬琴、木室卯雲以外にも、本居宣長など多くの文人墨客がここを訪れています。

その評価が好意的であれ批判的であれ、いまだ名所をみぬ読者の「みたい」という欲求を誘発することができます。現在でも、四条河原の夕涼の風景を彷彿とさせる鴨川畔の川床やそれぞれのパーソナル・スペースを確保しながら等間隔にならぶといわれる川べりのカップルなどがガイドブックに紹介され、そのガイドブックをみた旅行者が見物に訪れる。これは江戸時代と同様の現象といえます。

秋の景

粟田口の天王祭

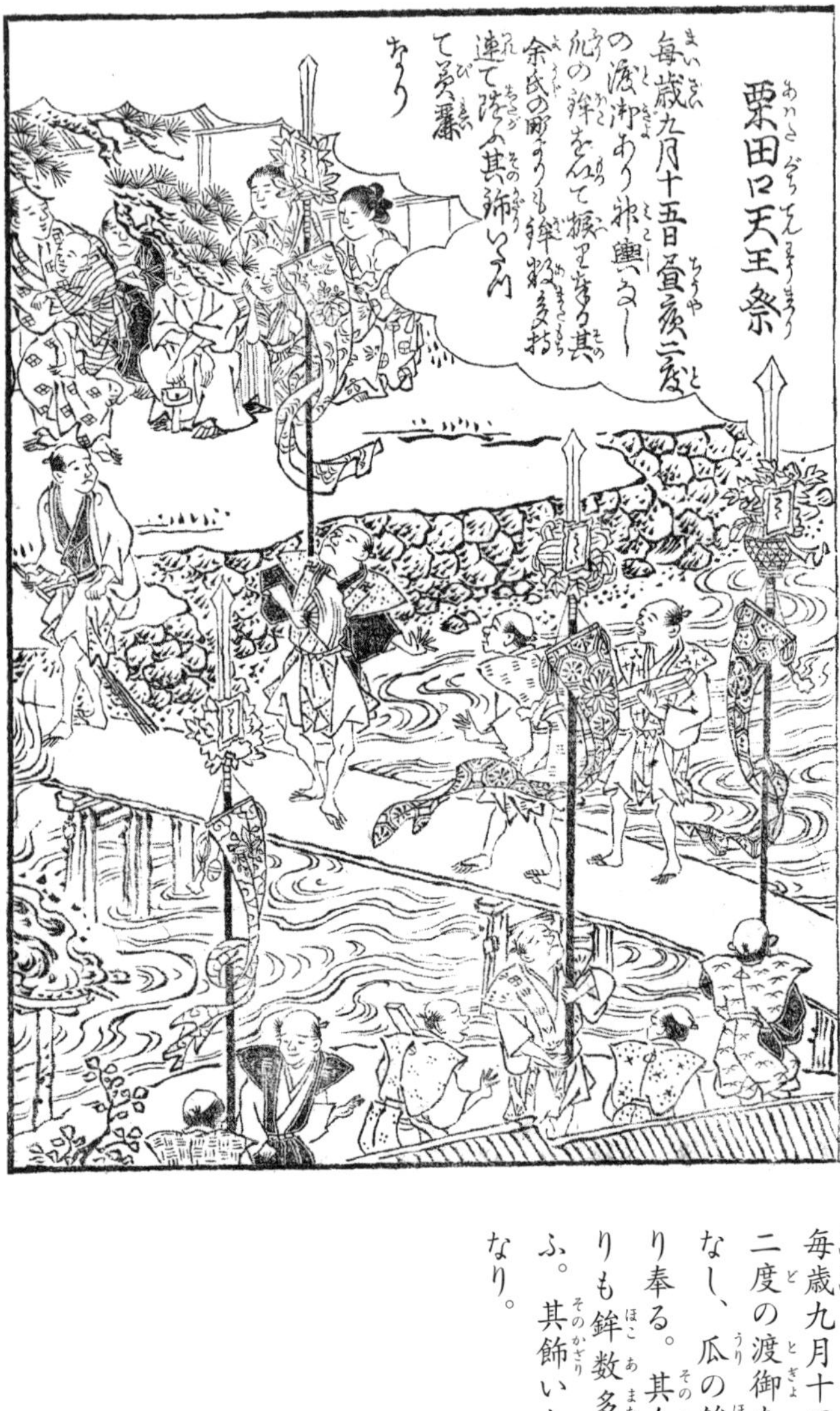

毎歳《まいさい》九月十五日、昼夜《ちうや》二度《ど》の渡御《とぎよ》あり。御輿《みこし》なし、瓜《うり》の鉾《ほこ》を以《もつ》て振《ふ》り奉る。其余氏《そのようじ》の町よりも鉾《ほこ》数多《あまた》持連《もちつれ》て従《したが》ふ。其飾《そのかざり》いたつて美麗《びれい》なり。

「粟田口天王祭」『伊勢参宮名所図会』巻一

昼《ひる》は粟田御殿《あはたごてん》に入、夜《よる》は白川橋《しらかはばし》を越《こへ》て水際《みづぎは》を智恩院《ちをんいん》さかひの一ッ橋《ひとつばし》へ廻《まは》り、此橋《このはし》の上にて鉾《ほこ》の曲持《きょくもち》工妙《くめう》を尽《つく》す。其路《そのみち》をてらす燎《にはび》おびたゝしき事、図《づ》の如《ごと》し。夜《よる》、寅《とら》の刻《こく》に至《いた》る。

江戸時代、草津で東海道と中山道とが、さらに大津で北国街道がこれに合流していました。大津から三条大橋へと向かう、いわゆる大津街道をとおって入洛する旅人たちにとって、粟田口が京の玄関口だったのです。寛政九(一七九七)年に出版された『伊勢参宮名所図会』には、この粟田口の産土神《うぶすなしん》である天王社の例祭を描く挿絵が収載されています。

こんにちでは粟田神社の名で知られているのですが、本文によると、かつては感神院新宮《かんじんいんしんぐう》、牛頭天王社《ごずてんのうのやしろ》と呼ばれていたことがわかります。絵の上部の解説をみると、毎年「九月十五日昼夜」に鉾や御輿の渡御《とぎょ》があったと記されています。これは旧暦の日程であり、現在の粟田祭は十月九、十日と十五日におこなわれています。

絵は、白川に架かる一本橋を北西の方角からながめた情景です。当時の例祭では、それぞれの氏子町から奉納される剣鉾《けんぼこ》を差しながら、橋の上で曲持ちをし、見物に訪れた人びとをおおいにわかせたといいます。橋の中央にいる男性、鉾を差しながら上方をみあげ、神妙な面持ち。両手で態勢をととのえながら右肩に鉾を乗せるという、大技を披露しているところです。右岸にひかえる鉾の差し手たちも、みずからの順番を待ちつつ、練習に余念がありません。それもそのはず。両岸に焚かれた篝火《かがりび》からもわかるように、曲持ちは夜間におこなわれていました。さらに、一本橋は細い板橋でしたから、すこしでもバランスを崩すと川に落下してしまうのです。

歌舞伎脚本の作者として知られる西沢一鳳《いっぽう》は、『綺語文草《きごぶんそう》』に次のようなことを記しています。すなわち、天明六（一七八六）年九月八日に徳川家治が薨去《こうきょ》する。この影響により、ふた月、粟田祭が延期されたのだという。霜月の夜間に曲持ちをするとなると、霜がおりてすべりやすく、危険を伴う。ところが、近くに住む明田《あきた》利右衛門という猿楽《さるがく》の笛師が機転を利かせ、橋上に木くずをまいた。これにより、支障なく執りおこなうことができたという。

　不意の出来事に際して、人の知恵ほどありがたいものはありません。現在ではこうした曲持ちはおこなわれていませんが、挿絵さながらの、美しい装飾をほどこした剣鉾が祭りをいろどります。

その昔、知恩院にある石から、ひと夜にして瓜がみのる。実には「牛頭天王」の文字。そこで牛頭天王をお祀りする粟田神社に奉納したという。絵の右下にみえる三つの鉾のうち、真ん中の鉾の飾りが瓜をかたどっているのはそのためです。

蹴上の茶店

牛蹄車跡路泥深シ
桀戟東西各林ヲ作ス
独酌悠然来往ヲ閲ス
馬周今日已灰心

頼山陽

弓屋《ゆみや》左側《ひだりがわ》にありて
諸侯御小休《しょこうおんこやすみ》の本陣《ほんじん》たり。
さるほどに
上下《かみしも》の憩《いこ》ひの間《ま》
ことゞく備《そなは》り、
庭《には》の假山《つきやま》に
二流《にりう》の瀑布《たき》をしつらひ、
池《いけ》には長大《ちゃうだい》なる

「(蹴上茶店) 同弓屋亭池」『再撰花洛名勝図会』巻一

鯉《こい》をやしなひ、
花《はな》の草木《くさき》眺《なが》めに満《みち》て、
其美観《そのびくわん》いふばかりなし。
古《いにしへ》は此街道《このかいだう》さみしくして、
追分《おいわけ》の奴茶屋《やつこちゃ》より
旅客《りよかく》を送《おく》り来《き》て、
強盗《がうたう》ひはぎの
難《なん》を防《ふせ》ぎしとぞ。
今《いま》は昼夜《ちうや》に往来《ゆきき》絶《たえ》ず、
酒機嫌《さかきげん》の花歌《はなうた》に
其愁《そのうれ》ひをしらざるは、
偏《ひとへ》に太平《たいへい》の御恩沢《ごおんたく》と
いふべし。

現在、京都の老舗ホテルのひとつが蹴上《けあげ》にあります。周辺に名だたる寺社仏閣が点在していますから、散策するには申し分のない立地といえるでしょう。江戸時代、このあたりは粟田口と呼ばれ、東国から京に入る玄関口でした。

幕末に出版された『再撰花洛名勝図会』には蹴上のにぎわいを描く挿絵が収載されています。左手の中ほどには、現在も目にすることができる「神明一の鳥居」。これは日向《ひむかい》大神宮のもので、当時は日山神明宮の名で親しまれていました。絵は南西からのながめで、左右にはしる東海道の、手前の右が井筒屋、左が藤屋、向こう側が弓屋。三軒のほかにも加賀屋があり、なべて四季を問わない庭の美しい茶店でした。絵の右上、本陣だった弓屋の庭は、山の勾配《こうばい》を活《い》かしてつくられた二筋の瀧と、池中をおよぐ大きな鯉《こい》が名物です。

これらの茶店はもっぱら送迎の場として人びとに利用されたことが絵の解説に記されています。お伊勢参りや東下りと、旅の目的はさまざまですが、人が別れを惜しむ気持ちにかわりはありません。酒を酌《く》み交わしつつ、名残のひとときをすごしたのです。もちろん、迎える場合も事情はおなじこと。旅のみやげばなしを肴《さかな》に、酒席は盛り上がりました。これを世に、「酒迎え」という。

また、江戸の幕臣で戯作《げさく》者としても知られた大田南畝《なんぽ》は、享和元（一八〇一）年三月十日、入洛を前に蹴上の茶店で休憩したことを、『改元紀行』に記しています。南畝はここで旅装を解き、正装に改めたといいます。幕府の命をうけた旅ですから、当然のことといえそうです。これもまた、京の玄関口ならではの茶店の利用でした。絵の右下、井筒屋の前には大津方面から駕籠《かご》に乗ってやってきた旅人がひとり。南畝とおなじく、入洛を前に身支度をととのえるのでしょう。

蹴上の茶店の界隈《かいわい》は、旅人のみならず、物資を運ぶ荷車や人足たちが多く往来しました。絵をみると、街道の中央に車石が敷かれているのがわかります。この車石の上を、左手から荷を空にした牛車がやってきます。大津に集荷された米や炭などを京中へと運び、ひと仕事終えたようす。逆に、背に薪を積んだ牛は、これから京中へと向かうところ。つまり、ここは物資の玄関口でもあったのです。

名所図会の挿絵のみどころは、このような細部にもやどっていることがわかります。

「蹴上茶店 藤屋庭前之図」『再撰花洛名勝図会』巻二

祇園町のにぎわい

都《みやこ》のひんがし
祇園《ぎおん》わたりの春《はる》のけしき、
華頂《くはてう》の初花《はつはな》
咲《さき》そむる頃より
地主《ちしゅ》の桜《さくら》の雲《くも》と見へ
雪《ゆき》とちるまで、
貴賤《きせん》の賑《にぎは》ひ、
円山《まるやま》の酣歌《かんか》、
蹴鞠《しうきく》の暮《くれ》の音《をと》、
双林《さうりん》の能囃子《のうはやし》、
女伶《まいこ》の会《くはい》、
下河原《しもかはら》の生花競《いけばなくらべ》、
楊弓《やうきう》の音《をと》、
二軒茶屋《けんちゃや》の豆腐《とうふ》切《き》る音《をと》、
これみな祇園《ぎおん》の御神《おんかみ》を

「（祇園町）」『東海道名所図会』巻一

すぐしむ御神楽《みかぐら》の
飾《かざ》りなるべし。
京の水《みづ》の清《きよ》きにて
洗《あら》ひみがき、
美顔《びがん》を粧《よそほ》ひ、
美服《びふく》をまとひて
月花《つきはな》にうかるゝも
名物《めいぶつ》の一種《しゆ》なるべし。
水至《みづいた》って
清《きよ》き時は魚《うを》すまずと
東方《とうほう》先生喟然《きぜん》として
のたまひしは
大ひなる空言《そらごと》なりき。

京都のみやげには何がよいかと尋ねられると、いろいろと思い浮かぶ。遠方からの客人であれば、かさばらない京扇子。味にこだわりのある御仁であれば、京菓子のあれやこれや。挙げだすときりがない。江戸時代の場合には、やはり西陣織が筆頭です。御影堂《みえいどう》の扇に、大仏餅も忘れてはなりません。こうした京名物は、「名所図会」にも紹介されています。

ところで、寛政九（一七九七）年に出版された『東海道名所図会』は、京の三条大橋から江戸の日本橋まで、東海道筋にある名所を紹介した「名所図会」です。いわゆる「東下り」の仕立てになっていて、巻首の挿絵には宮中儀式のようすが描かれています。京は皇都、あくまでも天皇を中心とする公家文化を守る土地柄だったことがうかがえます。これに、祇園町のにぎわいを描く挿絵がつづく。つまり、当時の京を代表する繁華な「名所」として、祇園が紹介されているのです。

祇園町の名物は、祇園豆腐に太鼓饅頭《まんじゅう》、蓬莱《ほうらい》豆、小町紅、造り花などなど。そして、挿絵にも描かれている祇園香煎《こうせん》。絵の右上部には「御香煎所」と書かれた看板を掲げる店のようすがみえます。看板の隅をよくみると、「了郭」の文字。これは元禄十六（一七〇三）年創業の老舗、原了郭です。香煎とは、口中を清涼にするさまざまな材料を粉末にしたもので、白湯を注いで飲みます。江戸時代には、とくに後味がすっきりとする紫蘇香煎に人気が集まっていたようです。店では女性が「ひとつ、もらいましょ」と、香煎をもとめるようす。これならば、かさばらないうえに舌の肥えた人をも納得させるみやげとなります。

左上部は、おなじく祇園名物を売る造り花の店。蓮に菊、水仙、松がならびます。店の男性が、上げ見世に飾られた牡丹を、焙烙《ほうろく》頭巾の僧侶に勧めているところ。「諸行は無常と申すようですが、うちの花は枯れることがございません」。店の前を行き交うなかに、祇園町のきれいどころのすがたもみえます。じつはこの挿絵、右下の署名からもわかるとおり、円山応挙の弟子として知られる山口素絢《そけん》が描いたものなのです。素絢は美人画を得意とし、美人と犬とが戯れる風俗画も残しています。絵の右側、女性連の足下あたりに犬がいるのも、素絢らしい構図といえます。

本居宣長の養子で、国学者として知られる本居大平《おおひら》の紀行日記『春の錦』をみると、文化十三（一八一六）年三月に祇園界隈《かいわい》の茶屋で素絢と対面したことが記されています。おそらく、祇園香煎が二人の喉を潤《うるお》したことでしょう。

秋の味覚と吉田山

「吉田山遊宴」『都林泉名勝図会』巻二

九月草香能ク人ヲ引キ
烟蘿巖径紅塵起ル
松林自ラ麏麚ノ跡ヲ絶ツ
剰シ見ル綺羅雲外新ナリ
皆川允

秋の味覚といわれて思い浮かべるのは、やはり松茸《まつたけ》。江戸時代には洛中からすこし足をのばすだけで、採れたての香りを味わうことができました。たとえば、黒川道祐の『雍州府志《ようしゅうふし》』は龍安寺のあたりで採れるものを最上としていますし、原田光風の『及瓜漫筆《きゅうかまんぴつ》』では、北山がいちばん、つづいて東山などと、その産地を列挙しています。

『都林泉名勝図会』に載る挿絵は、長月の好日に吉田山で松茸狩りを楽しむ人びとのすがたを描いています。絵の題に松茸の文字はありませんが、左上にみえる画賛、皆川淇園《みながわきえん》の七言絶句に、九月の松茸の香りは人をよく惹きつけるのだとあります。この情景をみた読者が、松茸狩りの絵であると理解できるようになっているのです。『都林泉名勝図会』が出版された寛政十一年（一七九九）、淇園は六十五歳で存命でした。このように、同時代につくられた文学作品をたくみにとりいれているところも、「名所図会」の魅力のひとつだといえるでしょう。

絵の左下隅にみえる屋根は、千木《ちぎ》や露盤宝珠《ろばんほうじゅ》のようすから、吉田神社の本殿と知られます。また、千木の先は、右が内削《うちそぎ》、左が外削《そとそぎ》の形状。つまり、この絵は南西の方角からながめた鳥瞰《ちょうかん》なのです。神社の脇には二軒の茶屋。もちろん、ここで腰かけて食事をすることもできましたが、注文をすれば名物の豆腐田楽や燗《かん》をつけた酒などを山上まで運んでくれる。また、各自が食材を持ちこんで料理することもできる。それぞれのスタイルにあわせて遊宴をもよおすことができました。

絵の中央にみえる立て札は、山ですごすための注意が記されています。そばには三人組の男たち。後ろにしたがう鉢巻の男に、鯉《こい》をはじめとする食材と、調理道具、敷物などを天秤棒《てんびん》で担わせています。「えらい待ったで、場所はこっちや」「松茸にあうもんをみつくろうてたら、すっかり遅なってしまいました」。

霞《かすみ》の向こう、遠景に目をやると、すでに宴たけなわの人びとが描かれています。右端は、舞妓のすがたと三味の音に酒がすすむひと組。その周囲には、洛中の眺望を楽しむグループがいくつかみえます。そのなかのひとつ、右奥の羽織に法体の男性をふくむ文人風の三人連れ。ひょっとすると、ここで目と舌とを養った淇園のすがたを描いているのかもしれません。

「（松茸狩）」『都名所図会』巻四

高雄の紅葉狩り

満眼秋光画ケドモ同不
風霜昨夜山楓ヲ染ム
已ニ霞彩林表凝如
又暾暉樹中掛似
鳥ハ棲投怯火燎疑
蝶ハ飛去不花紅訝
賞遊盡日詩句耽
筆揮還テ羞ヅ錦繍工
橘山 畑柳般

「高雄看丹楓」『都林泉名勝図会』巻四

谷の流は
いよ〳〵白き
紅葉かな

難波 才嬌

高雄
王畿縹渺
景勝窮リ無
雲嶂北擁
満目ノ紅楓

相国寺 維明

京に紅葉の名所は数あれど、高雄はその第一。挿絵は『都林泉名勝図会』に載るもので、絵の左側、供を連れた僧侶がみえるのは神護寺の山門、左右に流れるのが清滝川です。橋の上に男が二人。右下隅にはそれをみて女性の手を引きつつ、渡ろうとする男性。「これ、あきません」、女性は男性を咎《とが》めます。それもそのはず。高雄山神護寺は女人禁制、橋の左側にも石柱が建っています。「下乗」の文字もみえますから、ここからは徒歩でしか入山できません。

橋の右手前には三つ星紋の茶店がみえます。右端の屋根が本店で、渓流をながめられるのが別館といったところ。女人禁制の石柱の左側にみえる床几《しょうぎ》もまた、この店のもの。供の者が茶店の女中に酒の追加を頼んでいます。次の酒がくるのを待ちながら、法体の男は色紙を手に一句吟ずるようす。「清滝の流れに浮かぶ紅葉は格別ですな」。また、『都林泉名勝図会』の本文には「深秋之頃は紅錦を曝すがごとく、人の面までも紅を彩るに似たりける」とあります。これは紅葉の色が顔に映えて赤くなるというだけでなく、素晴らしい紅葉を肴《さかな》についつい酒がすすんで、酩酊《めいてい》してしまうのを暗に示しているのです。江戸、吉原の高尾太夫は、この紅葉の名所である高雄にちなんで名づけられましたが、こちらもまた、その美しさに男性陣は酒がすすんだことでしょう。

土佐藩士の谷重遠《しげとお》は、宝永元（一七〇四）年五月十四日に高雄を訪れたときのことを『東遊草』に記しています。

本堂を北へ入て地蔵院有。清滝川下に有、庭に大松大楓有、谷につらなりて楓樹茂密也。暮秋のなかめ是を最大一とすとかや。（略）こゝの谷にても、かわらけなけてよく空に舞、たはふれて帰る。

残念ながら重遠は、新緑の楓は堪能したものの、「最大一」の紅葉は話に聞くばかりだったようです。また、『都林泉名勝図会』には重遠が楽しんだのとおなじく、地蔵院で土器《かわらけ》投げに興じる人びとのすがたが描かれた挿絵も収載されています。

「高雄地蔵院」『都林泉名勝図会』巻四

高台寺の萩見

枝《えだ》ごしに
肴《さかな》をはさむ
萩見哉

蒼虬

腰《こし》ぼその
すがるをとめの
行《ゆき》ずりの
袖《そで》にあらそふ
秋《あき》はぎの花

春臣

「高台寺秋興　萩見」『再撰花洛名勝図会』巻三

今《いま》こそあれ
むかしは萩《はぎ》の
錦《にしき》にも
たちよることは
ゆるさゞりけむ

河本延之

東山地域は京都のなかでも有数の観光スポット。江戸時代もまた、京のみならず国内外の人びとが訪れる名所が散在する地域でした。『再撰花洛名勝図会』には、その東山にある高台寺境内で床几《しょうぎ》をならべ観萩に興じるようすを描いた挿絵が収載されています。この絵について説明した本文は次のとおりです。

涼風《りやうふう》わたる秋日《あきのひ》には、萩花紫雲《しうくはしうん》に等《ひと》しく咲乱《さきみだ》れたる。そが中《なか》に床几《しやうぎ》を置並《おきなら》べて酒籏《しゆき》の人《ひと》を招《まね》き、顔《かほ》に飄《ひるがへ》る文人騒士《ぶんじんさうし》の爰《こゝ》に集《つど》ふ媒《なかだち》とも成《なり》て、老媼《らうおん》の茶《ちや》を勧《すゝ》め少女《しよじよ》の盃《さかづき》を把《とつ》てなまめかしく浮《うか》れよるなど、いと心《こゝろ》にくし。後山《かうざん》には菌茸《きのこ》あまた生《おひ》ぬれば、晩秋《ばんしう》の上旬《じやうじゆん》より、都下《とか》の児女輩己《じじよはいおの》がまに〳〵狩得《かりゑ》んとて群集《むれあつま》り、或《ある》は酔《よひ》あるは舞《ま》ひ謡《うた》ひ戯《たは》れて楽《たのし》みを尽《つく》す。是当院《これとういん》の一佳境《いちかくわん》にして、また東山中《とうさんちう》の一壮事《いちさうじ》ともいふべし。

最後の一文から、当時の高台寺は観萩だけでなく松茸狩りでもにぎわっていたことが知られます。

絵の右上部に「鐘楼」、左上部に「唐門」「仏殿」とあり、西側からながめた景であることがわかります。松樹の根本に「咲き乱れ」る萩とともに、日除けの傘を差した女性や刀を二本差した侍、法体の男性などが描かれており、老若男女がここを訪れたようです。絵の右手前にみえる茶屋のお仕着せは縦縞で、左手前のあたりで客に給仕をしたり案内したりしているのがみえます。
絵の下部、頁の左右で線対称の位置に瓢箪《ひょうたん》が描かれています。右頁の茶屋の前にひとつ、左頁の左側の床几にひとつ。どちらも酒が入っていて、先述の本文にあるとおり、「萩花紫雲に等しく咲き乱れたる」ここが「酔あるは舞ひ謡ひ戯れ」る場所であることを示しています。この瓢箪の役割はそればかりではありません。そもそも高台寺は、豊臣秀吉の菩提《ぼだい》を弔うために秀吉の正室ねねが創建した寺院です。くわえて瓢箪が秀吉の旗印であったことから、秀吉の存在を暗にほのめかすために描かれたのだと推察されます。
ところで、薩摩藩の御用絵師であった木村探元は、享保十九（一七三四）年九月二十七日に高台寺を訪れたことを『京都日記』に記しています。

傘庵幷亭、太閤之御影、其他座敷不残奇麗異他。庭前之楓葉如錦。小堀之作茶室あり。池中之立石利休居士。真奇観也。

秋の庭をいろどる楓のほか、境内にある茶道にかかわりのある施設をみてまわったようです。また、この日は高台寺の前に誓願寺も訪れていて、古田織部作の茶室を見学しています。それもそのはず、探元は茶道にも通じており、その一端が『白鷺洲《はくろしゅう》』という書物によってうかがえます。

京の大仏と梵鐘

「大仏鐘楼　東面より望むの図」『再撰花洛名勝図会』巻四

クローズアップ

梵鐘に比例して鐘楼も大きいため、堂内でみやげを売る店を出すことができました。寺院という場所柄もあって、仏画や数珠などが売られているのがわかります。

鴨川に架かる正面橋から東の方角にすすむと、道幅がひろくなった場所があります。この付近には「京都大仏前」と名づけられた郵便局があるのですが、はて京都に大仏、と思われる方も多いはず。近世の京都には、かの奈良の大仏を超えようかというほどの大きな毘盧遮那仏《びるしゃなぶつ》があったのです。安置されていたのは、正面通の東端にある方広寺で、豊臣秀吉の命によって作られました。

方広寺と聞いて思い出されるのが、豊臣家を滅亡へと追いこんだ梵鐘《ぼんしょう》。『再撰花洛名勝図会』の挿絵をみると、多くの見物客でにぎわう鐘楼のようすがうかがえます。じつは方広寺の大仏は寛政十（一七九八）年の落雷で焼失しており、『再撰花洛名勝図会』の出版された幕末期はすでにみることができなかったのです。名にのみ聞く大仏を拝むことは叶《かな》わぬが、徳川家康の怒りをかったという梵鐘は残されている。それをめあてに、多くの人がここを訪れました。

絵をみると、その梵鐘の大きさに圧倒されます。鐘の左下の男性は、鐘の厚みに驚き、手持ちの扇で測ろうとしているところ。おなじく、鐘の右下の男性は、自分の頭と鐘との距離を扇で測っています。当時の人びとは携帯している持ち物を即席の物差しとしてうまく利用していたことがわかります。このように梵鐘の下まで行くためには、鐘楼の周囲にある段差を越えなければなりません。男性なら手をついてひょいとまたげばよいのですが、女性にはなかなかの難所です。絵の左下、振袖の娘さんは傍らの男性に手を添えてもらって、いざ挑戦。また、鐘楼の左脇にみえる男女は、なにやら梵鐘を指さしながら談笑しています。鐘の銘文に「国家安康」「君臣豊楽」の文字をみつけたのでしょうか。本文の解説は「銘文磨消す」と記していますが、絵をみた読者が鐘にまつわる逸話を想いおこせるようにとの工夫によるものです。

オランダ商館付きの医師で、スウェーデン人のカール・ツュンベリーは、大仏が焼失する二十二年前に方広寺を訪れ、東山地域で「最も大きくかつ注目に値する」と絶賛しています。異郷の人を魅了したこの名所も、見物客のマナー違反は避けられなかったようす。絵の右手にみえる柱には、たくさんの落書きが描きこまれています。

「喎蘭人耳塚ヲ観ル」『都林泉名勝図会』巻三

鳥羽の作り道

「鳥羽作り道」『拾遺都名所図会』巻四

禁裏《きんり》の調進《ちやうしん》をはじめ
奉り都《みやこ》の市《いち》へ
日毎《ひごと》に魚の鳥羽《とば》畷《なはて》を
走《はし》りたるを見て
狂歌をよめる

都《みやこ》へと
走《はし》る魚荷《うをに》の
其すがた
肥《こゑ》た鳥羽《とば》絵《ゑ》に
作《つく》り道也

舜福

「名所」にはふたつの意味があり、ひとつは「などころ」、もうひとつは「めいしょ」という。「などころ」とはいにしえより和歌に詠まれた歌枕で、「めいしょ」は観光の対象になる土地を指す。「名所図会」の場合、この両方をとりあげています。平安時代後期に離宮が造営された鳥羽の地はいわゆる「めいしょ」で、ここと都の中心部とをつなぐのが作り道。『拾遺都名所図会』にはその往来を描く挿絵が収載されています。

絵の上部には賛の狂歌と詞書《ことばがき》が記されています。すなわち、内裏や都の市へと運ばれる魚荷を運ぶ人足たちが鳥羽畷《なわて》を走っているのを見て詠んだ狂歌。

都へと走る魚荷の其すがた
肥た鳥羽絵に作り道也

鳥羽畷とは作り道のことで、江戸時代、大坂方面で獲れた魚介はここをとおって京中へ運ばれていました。絵をみると、魚荷を担った人足たちが左手から右手へと走っていきます。南から北へ、都を目ざしているのです。人足の両脇の籠には魚がぎっしりと詰まっています。これだけの魚荷をものともせずに走る男たちの体格は、精悍《せいかん》というよりはややメタボリックな印象です。それもそのはず。彼らは休憩をとる際に、ちょいと失敬とつまみ食いをするのです。狂歌に「肥えた鳥羽絵」とあるのもそのため。鳥羽絵は江戸時代に風靡《ふうび》した滑稽画で、人を線のように描くのが特長。ただし、「鳥羽」の「作り道」を通行するのは太り気味の人足たちで、そのことがわかるようにわざと「作」って描いたという掛詞《かけことば》になっているのです。

肥後出身の国学者で歌人としても知られた中島広足《ひろたり》は、安政六（一八五九）年十月、京都を訪れたときのことを『初しぐれ』に記しています。この年は各地が大雨による洪水にみまわれ、京都もその例外ではありませんでした。大坂への帰路、広足は鳥羽の作り道をとおり、崩れた堤を目の当たりにします。

くずれたるつつみつつみにあふれにし
水のほどこそおもひしらるれ

絵にあるとおり道幅の狭い作り道のこと、往来にはいつも以上の注意が必要だったことでしょう。

通常、ここは産業道路として使用されていましたから、先を急ぐ旅人には不向きです。魚荷を運ぶ人足に遭遇したときは、絵の左にいる旅人のように土手をまたぐなどして道を譲らねばなりません。作り道の挿絵は、「などころ」や「めいしょ」をめぐるはずの読者にこうした情報を知らせる効果があったのです。

名所図会にみる宇治の風景

「文化」は多くの人がある価値観を共有することで成り立つものだといえます。価値観の基準を何とするかによって「文化」は変化しうるものでもあります。宇治の文化的景観を考えるうえで、江戸時代に照準をあわせてみるのはそう的外れなことではないでしょう。では江戸時代の宇治はどのような土地として人びとに認知されていたのか、当時の地誌や日記、随筆などを手がかりに探ってみましょう。

オランダ商館付きの医師であるエンゲルベルト・ケンペルは、日本滞在中、将軍に謁見《えっけん》するため長崎と江戸とを往還しています。その行程の詳細については『江戸参府旅行記』に記されており、元禄四（一六九一）年二月二十八日の条《くだり》には「最上の茶を産し、それを毎年将軍家に献上するため幕府に納めるので、日本中に知られていた」とあります。この記述から、宇治が将軍家に献上される高級茶の産地としてひろく知られていたことがわかります。おそらくはオランダ人たちに随行した役人らがわざわざこのように紹介したのでしょう。〈宇治＝茶どころ〉のイメージは江戸時代中頃にはすでに定着していたのです。

それから百年ほど後、安永九（一七八〇）年に出版された地誌『都名所図会』巻五は文章と挿絵によって宇治の名所を紹介しています。挿絵には名所の鳥瞰《ちょうかん》図《ず》や人びとのくらしを描く風俗図などがあり、宇治の場合、茶摘みの風景（図一）のほかに、宇治川での鮎汲《く》みの挿絵（図二）や、蛍狩りの挿絵（図三）が収載されています。宇治は茶どころであるばかりでなく、当時の人びとを惹きつけるに足る遊興の地として認知さ

図一

れていたことがわかります。こうした『都名所図会』にみられるような宇治のイメージは、幕末期の文久元（一八六一）年に出版された地誌『宇治川両岸一覧』にもあらわれています。とくに、宇治川に関して「当国〔山城〕第一の大河」としたうえで、「まことに当国南方の奇観なり」と紹介しています。これらの地誌によって、宇治川が人びとの味覚や視覚などを満足させる場所として認知されていたことがわかります。

長州出身の国学者近藤芳樹は『梅桜日記』の文久元年二月二十二日の条で次のように記しています。

　今は桜狩にも鮎つりにも、都の人のまづ赴くはこゝにしあれば、荒ましき浪のひゞき

図二

も、おのづからのどかなる御代の春の声になりて、きゝうくもあらざりけり。たゞ柴つみの舟のくだるを見てぞ、おのおの程なき世のいとなみどもの、はかなき水のうへに浮かびたる、誰も思へば同じことなる世の常なきなり、と源氏の物語にかける。げにと打歎かれける。

この頃の宇治は、観桜や鮎汲み、さらには宇治川の流れを楽しむために、京都の人びとが気軽に足を運び、さらに、古歌に詠《うた》われた名所であり、『源氏物語』の舞台である土地としても知られていたようです。このような宇治に対するイメージは、ほぼ現在のそれと重なるように思われます。

図三

おなじく、文久元年に出版された暁鐘成《あかつきかねなる》の『雲錦随筆』は、宇治川流域の名所とともに宇治橋から上流の瀬田唐橋にかけて点在していた奇岩、奇石類を、詳細な挿絵によって紹介しています。こうした岩石類のようすを、現在では興聖寺門前の川中にある亀石くらいにしかみることはできませんが、かの本居宣長も『都考抜書《とこうばっしょ》』のなかで絶賛した宇治川上流域の眺望は当時の文人墨客たちをも魅了していたのです。

こうした江戸時代の書物にみるような宇治の「文化」のなかには、すでに失われてしまったものもあります。けれども、いまだ残されている「文化」は時代に応じて変化しつつ、いまもわたしたちの眼前にあるのです。それらにどのような価値をみいだし、存続させていくのか。文化的景観を考えるためのヒントは、こうした先人たちの書物のなかにも隠されているのです。

冬の景

四条大橋の新造

神その、
かみの御幸の大御はし
ふた、びか、る
美代に逢ふかな
瓢翁

顔見世や
川かみはまだ
千鳥の夜
霞川

「四條橋」『淀川両岸一覧』下り船之部上

三条大橋に四条大橋、五条大橋。京都に住む人も、そうではない旅人も、鴨川に架かる四十ほどある橋の代表として、この三つの名を挙げるはず。江戸時代の場合には、事情がすこし異なります。三条大橋と五条橋が幕府の管理する公儀《こうぎ》橋であったのに対して、四条橋は両橋詰めの町が管理する町橋でした。たとえば、災害によって橋が流失したり破損したりしても、前者ならば幕府が費用をまかなって修繕します。一方、後者は橋の両側それぞれの町が費用を負担しなければなりません。江戸時代の鴨川はしばしば増水し、流域の町に被害を与えました。もちろん、四条橋も例外ではありません。そのため、「仮橋」と呼ばれる維持や補修のしやすい簡易の橋しか架けられなかったのです。

ところが、文久元（一八六一）年に出版された『淀川両岸一覧』の挿絵をみると、「仮橋」ではない、立派な四条大橋のようすが描かれています。それはなぜか。じつは安政四年（一八五七）に、祇園社の氏子たちの出資によって石柱の橋が新造されました。つまり、完成して間もない四条大橋を描いているというわけなのです。

絵は四条橋を南西の方角からながめた情景です。橋の東詰め、南北には大きな石灯籠。この橋が祇園社への参詣道として機能していたことがよくわかります。また、橋の南東には櫓《やぐら》を構える芝居小屋がふたつ。左が「南の芝居」、現在の南座で、右は「北の芝居」です。多い時期には七座あったという芝居小屋も、幕末には四条通の南北に向かい合って建つ二座のみとなっていました。

尾張の商人であった菱屋平七は、享和二（一八〇二）年、筑紫へ向かう途中に立ち寄った京のようすを『筑紫紀行』に記しています。このとき平七が渡ったのは河原の中に架けられた「仮橋」ですが、両詰めの中州には酒食を商う小屋が建ちならび、大勢の人でにぎわっていたのだとか。また、南北の芝居のあたりでは、それぞれが設けた美しい看板をひと目みんがために立ち止まる人が多く、道をふさいでしまうほどだったというのです。平七が目にしたような鴨川東岸の活気は、幕末の四条大橋新造をうながす原動となったといえるでしょう。

絵をよくみると、橋の上流の川中に、斜めに組んだ杭が描かれているのがわかります。これは川の増水時に流れてくる大木や石などから橋脚を護るためのもの。いわゆる防護杭です。産土神《うぶすなしん》と氏子とをつなぎ、人びとを遊楽の地へと誘う橋は、大切にあつかわれる対象だったことが知られます。

顔見世興行

顔《かほ》見世や
白粉《おしろい》の雪《ゆき》
紅粉《べに》の梅《うめ》

ぎをん みや

「顔見世」『都林泉名勝図会』巻一艮

水仙《すいせん》の
寒《さむ》くも双《なら》ぶ
真向《まむき》哉

ぎをん柳

四条大橋東側にある南座の顔見世興行は、現在では十二月一日から二十六日までおこなわれる歳末の風物です。江戸時代、芝居の関係者は、十一月から翌年十月までの一年単位の契約となっていたため、十一月初旬に新年度の役者のお披露目をおこなっていました。これを「顔見世」や「面見世《つらみせ》」などと呼んでいたといいます。

絵は『都林泉名勝図会』に載るもので、顔見世でにぎわう四条通のようすを描いています。絵の左手前には櫓《やぐら》があり、大提灯《ちょうちん》に「顔見世」の文字。これが現在の南座で、絵が南東の方角からのながめであることがわかります。また、絵の右側中央寄り、「表若中」からの贈答品である炭俵が堆《うずたか》く積まれているのが、南座の北向かいにあった北座ということになります。この「若中」とは贔屓《ひいき》客のグループで、「連中」と呼ぶ場合もあります。炭俵の右隣には「錦若中」からの贈答の品として、「卵五千、鶴十羽、鯛二十掛」の文字。積まれた籠の中身は卵で、その下辺に尾を傷つけないよう紙で保護した鯛とまるくととのえられた鶴とが置かれています。ほかにも、炭俵の下辺には「民子丈」への酒樽が、右側下部中央には「金子千疋」とともに盆に飾りつけられた伊勢海老と鮑《あわび》とがみえます。すべて、それぞれの贔屓客から役者へと贈られた品々です。

国学者、有職家として知られる橋本経亮《つねすけ》は、『橘窓自語《きっそうじご》』のなかで次のように記しています。

京都四条縄手戯場に、毎冬芸者ども顔見世といふことをする時、手打とて意気のもの打むれて、手うちほむることあり。其人どもを笹瀬連中といへりしは、延享四年大坂戯場にて、笹屋五兵衛、瀬戸物屋伝兵衛といひしものゝ、手打はじめし故に、笹瀬の名出来り、そののちささこ場、大手、大笹、千とせ、藤石《フヂイシ》などいふもいできたり、皆浪花より起る名なり。

これによると、顔見世にやってくる贔屓客のことを「笹《ささ》瀬《せ》連中」と呼んでいたのは、大坂の道頓堀五座の影響だとあります。『摂津名所図会』には、道頓堀の竹田近江の「機捩戯場」、塩屋九郎右衛門の「中の芝居」、大坂太左衛門の「角の芝居」のようすを描いた挿絵と本文とが載っています。本文の解説には「寛永年中、京より段介《だんすけ》といふ者《もの》、大坂へ下り、下難波《しもなんば》領《りやう》の傾城《けいせい》に都《みやこ》をどりを教《をしへ》て假芝居《かりしばい》を初《はじめ》て立《たて》けり。是《これ》難波歌舞妓《なにはかぶき》の始也《はじまり》」とあり、大坂の芝居のルーツが京にあることがわかります。このように、京で興った芝居が大坂で発展し、その大坂でついた贔屓客の名称が京へも波及するという影響関係があったのです。

京の中心の正月行事

「散木集」
庭もせに
引つらなれる諸人の
たちゐるけふや
千世の初春

俊頼朝臣

「公事根源」云、
関白《くはんぱく》大臣以下
すべらぎを拝し
奉る儀《ぎ》にて、
清涼殿《せいりやうでん》の東庭に
四位、五位、六位に至まで
袖をつらねて
舞踏《ぶたう》する成べし。

「小朝拝」『東海道名所図会』巻一

「つれ〲草」云、
呉竹《くれ》はほそく
河竹は葉ひろし。
御溝《みかは》にちかきは河竹、
仁寿殿《じじうでん》の方《かた》によりて
植られたるは呉竹《くれ》也。

江戸時代の京の中心は、やはり、天皇の住まう御所ということになります。『東海道名所図会』に載る冒頭の挿絵には、内裏でおこなわれる「小朝拝」のようす、すなわち小朝拝に訪れた公卿たちがならんで歩くすがたが描かれています。小朝拝は、四方拝に続いておこなわれる元日の宮中行事でした。元日寅の刻、天皇が清涼殿の東庭で四方の神がみに拝礼し、一年の無事と五穀豊穣を祈るのが四方拝で、これが終わり、親王ならびに関白大臣以下六位蔵人までの公卿《くぎょう》が列をなし拝舞したのが小朝拝。ですからこの絵に描かれているのは、冠位が六位蔵人以上の殿上人《てんじょうびと》と呼ばれる公卿たちということになります。

絵の左右には葉様の異なる竹が植えられているのがみえます。右が呉竹、左が河竹で、奥にみえるのが清涼殿、その手前を左右に流れるのが御溝水《みかわみず》ということで、この絵は東側からながめた風景ということになります。このことは、左端の解説に記された『徒然草』の引用からも知られます。じつはこの呉竹・河竹は、江戸時代の中頃までの内裏には存在しませんでした。光格天皇の御代、天明八（一七八八）年に御所が焼失します。寛永期になり、平安朝の古制に則った清涼殿や紫宸殿が再建され、呉竹・河竹が復活したのです。つまりこの挿絵は、当時としては最新の、あらたに造営された内裏のようすが描かれているのです。

ところで、当時の東海道は中山道とならんで、多くの旅人が往来した主要街道です。最短ながら大井川で川留めにあう可能性のある東海道と、険路ながらも予定どおりに歩をすすめることのできる中山道と、状況に応じて使い分けられていました。「名所図会」には、こうした街道をとりあげた作品も多数にあります。これら〈街道の「名所図会」〉は、上方《かみがた》を出発する行程で編集されたものが多い傾向にありました。『東海道名所図会』の場合も、京の三条大橋から江戸の日本橋へ、つまり〈文化の中心地〉から〈政治の中心地〉へと向かう道筋が紹介されていますす。その〈文化の中心地〉である京の中心であったため、街道の出発地点である三条大橋でなく内裏が冒頭の挿絵にとりあげられたのです。

『東海道名所図会』の編著者である秋里籬島《りとう》は、「名所図会」群の嚆矢《こうし》である『都名所図会』のほかに、『京の水』という書物を残しています。この書は、桓武天皇が平安京を造営した際の大内裏をはじめとする京の町のようすについて記しており、籬島には内裏に関する知識が相当にあったと考えられます。また、籬島の文章の師である伴蒿蹊《ばんこうけい》は、光格天皇の兄宮である妙法院宮真仁法親王との交流がありました。師の蒿蹊を通じて、宮中に近い人たちから得られる情報を、籬島が知見していた可能性もあります。そうしてみると、この『東海道名所図会』の冒頭に載る小朝拝の挿絵は、〈政治の中心地〉江戸に対して〈文化の中心地〉京の存在感を表明する手段として描かれたのだと解釈することができるのです。

江戸時代の正月

「千首」
おさまれる
国のみやこの
朝かすみ
人のこころも
春やたつらむ

耕雲

「元三 市街之図」『諸国図会年中行事大成』巻一

「玉吟」
立かはる
春はけふとや
万代の
月日のはじめ
としのはじめに

逍遥院

いつの世にあっても、あらたまの年を心しずかにむかえることは諸人の願いです。江戸時代の人びともまた、決済日である大晦日をそれぞれの知恵や才覚でなんとかやり過ごし、新春のひとときを楽しんだはず。『諸国図会年中行事大成』に載る冒頭の挿絵は、長閑《のどか》な三が日のようすを描いています。

絵の左にみえる商家の戸口には一対の門松。元旦より十五日まで家々の門に飾られていました。現在の門松にくらべるとやや質素に感じられるかもしれません。そのかわり、注連《しめ》飾りはたいへん豪華です。竹二本を横にして飾り藁《わら》を結わえつけ、昆布、炭、橙《だいだい》、蜜柑《みかん》、柑子《こうじ》、柚橘、穂俵、海老、串柿、譲葉《ゆずりは》、穂長を飾りつける。とくに重要なのが、注連飾りの中央にみえる伊勢海老です。

井原西鶴の浮世草子に『世間胸算用』があります。そのなかの「伊勢海老は春の椛《もみじ》」は、伊勢海老が高騰し、買いそびれた息子と、安い時期に買い置きしていた母親との問答を描いています。なぜ、伊勢海老が高騰したのか。それは、年内に立春がやってくる年だったから。旧暦の時代、正月の頃に立春をむかえ、その前日が節分となる。そして、正月よりも前に立春のある年は、伊勢神宮を筆頭に、伊勢の家々が立春の祝い飾りとして伊勢海老を買い占めてしまう。正月を目前にして伊勢海老が品薄となり、値が上がるというわけ。世の中のうごきに注意を払いつつ、「胸算用油断なく」過ごさなければいけないと西鶴は教訓しているのです。

絵にもどって、商家の戸口は年初の挨拶にやってきた人でにぎわっているのがみえます。それぞれが裃《かみしも》すがたで、脇差を一本差し、扇子を手にしています。新年最初の対面ですから、カジュアルなスタイルは失礼。みな正装で出かけました。連れている子たちは、跡取りの長男さん。こうしてお供をしながら礼儀をおぼえ、また先方に顔をおぼえてもらったのでしょう。

一方、絵の右側には娘たち。羽子板で羽根を何回打ち上げることができるかを競っています。年頃の娘さんは振袖のさばきかたも慣れたもの。上手に羽子板をあやつります。右下でしゃがむのは、振袖を着慣れない少女。袖が汚れるのもかまわず、羽根を拾っているのがほほえましい。

「其二」『諸国図会年中行事大成』巻一

柳の水と鉢叩き

柳水《やなぎのみづ》は西洞院《にしのとうゐん》三条の南にあり。いにしへ此所に鳳凰山青柳寺《ほうわうざんせいりうじ》といふ法華道場《ほっけだうちゃう》あり。此故《ゆへ》に名とす。又、此ほとりに鬼殿《をにどの》といふあり。「拾《しう》芥抄《がいせう》」に曰、有佐《ありすけ》が宅《たく》悪所なりとぞ。又、朝《とも》成《なり》が悪霊《あくれう》なりともいふ。明徳《めいとく》の兵火に回禄《くはいろく》せしなり。

空也堂鉢《くうやだうはち》たゝきは茶筌《ちゃせん》を売《うり》て業《なりはひ》とす。むかし村上《むらかみ》天皇の御宇《ぎょう》、疫癘《えきれい》

「(柳水)」『都名所図会』巻一

大にはやりて、死するもの数《かず》しらず。空也《くうや》上人これを憐《あはれみ》て観音《くはんをん》の像《ざう》を作り、茶筌《ちやせん》にて茶湯《さたう》を和《くは》し、観音に供し、其《それ》茶湯《さたう》を諸人に与《あた》ふ。夫より疫《ゑやみ》たちまち平愈《へいゆ》して長寿《ちやうじゆ》をなせり。帝《みかど》これを叡感《ゑいかん》ありて吉例《きちれい》とし、毎年《まいねん》元三には空也堂の茶筌《ちやせん》にて茶《ちや》をたて、これを服《ふく》すれば年中邪気《じやき》をまぬがるゝとぞ。此帝より初《はじ》め給ふにより、今に王服《わうふく》を祝《いはふ》ふといふ也。

豊富な地下水にめぐまれた京都には、名水で知られる井戸がたくさんあります。江戸時代もまた、山紫水明と謳《うた》われたこの地には多くの井戸があり、人びとの喉を潤《うるお》していました。「名所図会」をみると、名水を湛《たた》える井戸が名所となっていたことがわかります。『都名所図会』の挿絵に描かれた「柳の水」もそのひとつで、西洞院通三条下る柳水町の、町名の由来となっています。

絵の右下隅に井筒がみえます。その昔、ここに鳳凰山青柳寺という法華宗の道場があったという。その寺号にちなんで「柳の水」の名がつけられたと、上部の解説に記されています。これとは別に、かの千利休が茶の湯を点《た》てるのにここの水をもちい、井戸の水が直射日光で変質しないよう井筒の傍らに柳を植えたことにちなむとする説が伝わります。なるほど、なるほど。絵のなかの井筒をみつめる老人は、茶の湯をたしなむ御仁です。先人に思いを馳《は》せつつ、お供の少年に蘊蓄《うんちく》を聞かせている最中。ところが、少年は目の前の名水よりも後ろにいる男たちに気をとられています。「この人たち、何をしてるんやろうか」。

少年の後ろには、背の丈ほどの棒の先に藁《わら》を設《しつら》え、そこに茶筅《ちゃせん》を挿して歩く男性が二人。僧衣に頭巾を被り、首から瓢簞《ひょうたん》をさげています。彼らは左上隅の遠景に描かれた空也堂の回向《えこう》僧たちで、俗に「空也堂鉢叩き」と呼ばれていました。村上天皇の御代のこと。疫病が流行し、多くの人が亡くなりました。これを憐れんだ空也上人が、観音像を造り、茶を点ててお供えし、これを諸人に与えたところ、観世音菩薩《かんぜおんぼさつ》の御利益により、たちまちに病が平癒《へいゆ》しました。天皇はこれを吉例と定め、毎年正月三が日に空也堂の茶筅で茶を点てて飲むと、その年を無病息災にすごせるといわれるようになりました。世にいう「王服茶《おうぶくちゃ》」の始まりです。

ちなみに、寛政十一（一七九九）年刊の川口好和『奇遊談』をみると、鞍馬山の西、空也上人が堂宇を建てた地に生える竹を、茶筅売りたちが瓢箪を叩《たた》くための撥《ばち》として用いたとしています。

僧たちが茶筅を売り歩くのは、季節の風物。左側にみえる人家の戸口の女性は、鉢叩きの音を聞きつけ、表に出てきました。「これを買わんと、正月は迎えられません」。絵の右側、人家の庭にある梅が花をつけていることから、新春間近であることがわかります。「梅」のそばには「松」の枝、そして鉢叩きの「竹」。季節をあらわそうとする絵師の工夫がうかがえます。

知恩院御《ぎょ》忌《き》詣《もうで》

「知恩院 御忌詣之図」『諸国図会年中行事大成』巻一

うかれ女や
仏事ともなき
御忌まうで

李流

祇園社の北側、華頂山の麓《ふもと》にある知恩院は、正式には華頂山《かちょうざん》知恩教院大谷寺《ちおんきょういんおおたにでら》と号する浄土宗の総本山です。近世初期に豊臣秀吉、徳川家康らの支援をうけ、その地位は不動のものとなります。とくに浄土宗徒であった家康の庇護《ひご》は篤く、生母伝通院の菩提《ぼだい》を弔うとともに寺領を寄進したことで、今日の寺域がととのったといいます。

『諸国図会年中行事大成』には、法然上人の忌日におこなわれる法要である御忌大会《ぎょきだいえ》に詣でる人びとでにぎわう知恩院のようすを描いた挿絵が載ります。絵の右下に「祇園林」の文字がみえることから、南西の方角から南門をながめた景であることがわかります。

江戸時代までの御忌大会は、現在とは異なり、一月十九日から二十五日の期間におこなわれていました。『諸国図会年中行事大成』の本文には次のように記されています。

> 浄土《じやうど》四箇《か》本寺御忌を行《おこな》はるゝ事粗同《ほゞおな》じ。殊《こと》に智恩院《ちをんゐん》をもつて第一とし、俗《ぞく》に衣装《いしやう》くらべと云。賑《にぎは》ひ最勝《もつともすぐ》れたり。洛中年中所々遊楽《ゆうらく》多く、初春智恩院御忌《ぎょき》を遊覧《ゆうらん》の始とし、十月東福寺《とうふくじ》開山《かいざん》忌を遊覧《ゆうらん》の終《おはり》とす。故に弁当始《べんたうはじめ》の名《な》あり。

「浄土四箇本寺」とあるのは、京にある浄土宗の知恩院、黒谷金戒光明寺《こんかいこうみょうじ》、百万遍知恩寺、清浄華院四ヶ寺のこと。絵をみると「衣装くらべ」の別称にふさわしく着飾った女性のすがたが多いのがわかります。右下「祇園林」のあたりには被衣を着て腰元を連れた二人、中央付近には頭巾を被った親子、だらりの帯に振袖の舞妓と二人の芸妓、左上には絞りの振袖と小袖の姉妹など、春の景にいろどりを添えています。絵の上部の句「うかれ女や仏事ともなき御忌まうで」は法要よりも衣装くらべを楽しむようすをうまくとらえています。

新撰組の前身である浪士組を率いた清河八郎は、安政二（一八五五）年六月七日に知恩院を訪れたことを『西遊草』に記しています。

是《これ》洛東第一の高伽藍にして、結構の品《ひん》よき事、筆舌の及ぶところにあらず。（略）寺の前の陵《おか》なるうへに、天下第一の大鐘あり。正月御《ぎょ》忌《き》の時、撞《つく》とぞ。御忌は開祖円光大師の忌にて、洛陽の士女美をきそふなり。

これをみると、八郎は御忌大会をみてはいないものの、その日が「衣装くらべ」でにぎわうという情報を得ていたことがわかります。つまり、知恩院の御忌大会が京以外の人びとにもひろく認知されていた一大行事であったということなのです。たとえば、八郎は「洛陽の士女」でにぎわうと記していますが、与謝蕪村は次のように表現しています。

なには女や京を寒がる御忌詣

このように、御忌大会の華やかさを聞きおよんでやってきたものの、京の底冷えを知らずに苦労した他郷の参詣客も多かったようです。

寒さも忘れる梅の花

「梅溪遊宴之図」『諸国図会年中行事大成』巻一

「続古」
春風の
空なる程は
梅の花
梢の外の
香ににほひつゝ

義孝

伏見は「伏水」とも記され、水、清く豊かであることから、江戸時代より酒どころとしてひろく知られていました。また、京市中よりも気候が温暖なため、果実の栽培に適していました。豊かな水と温暖な気候の地であることから、桃ばかりでなく、梅も多く植えられていたこと、『都林泉名勝図会』の本文には記されています。このほか、『諸国図会年中行事大成』の本文には次のように記されています。

梅花盛《ばいくはさかり》の頃《ころ》は都下《とか》の貴賤《きせん》、伏見梅渓《ふしみむめだに》に遊宴し、あるひは嵯峨《さが》北山の辺《へん》を吟行《ぎんかう》して、野梅《やばい》の勝《しょう》を探《さぐ》るもあり。

『諸国図会年中行事大成』には、この「都下の貴賤」が「遊宴」をするようすを描いた挿絵が収載されています。絵のそこここに満開の梅樹がみえ、その甘い香りを楽しむ人びとのようすが知られます。右下隅の葭簀《よしず》の屋根は茶店です。茶店の前の床几《しょうぎ》に腰かけて煙管《きせる》を吸うのは商家の夫婦で、遊宴に必要な道具をつつんだ風呂敷を丁稚《でっち》に持たせています。床几の奥では、毛氈《もうせん》をひろげて酒と料理に舌鼓を打つ一家が描かれています。振袖の娘さんとその両親にくわえ、梅の枝に懐紙をくくりつける総髪の男性や法体の男性が同席していることから、文事をたしなむグループであることがわかります。左下隅にも振袖の娘さんを連れた一家が観梅にやってきました。こちらは、杖を三味線、扇子を撥《ばち》にみたてて演奏するふりをする男性がいるので、端唄《はうた》をたしなむグループなのです。このように、めいめいの趣味を披露しながら、早春の陽光を楽しんだのです。

明和四（一七六七）年の巡見使《じゅんけんし》の記録『京師巡見記』には、「夫より御城山まて五、六町の間左右梅樹おひたゝし、此辺を伏見梅屋敷と云」と記されており、城山の北辺一帯に梅樹が植わっていたことがわかります。「城山」はかつて伏見城のあった山をいい、「桃山」は、元和九（一六二三）年に伏見城が廃城となった後に桃が植樹されてからの名称です。

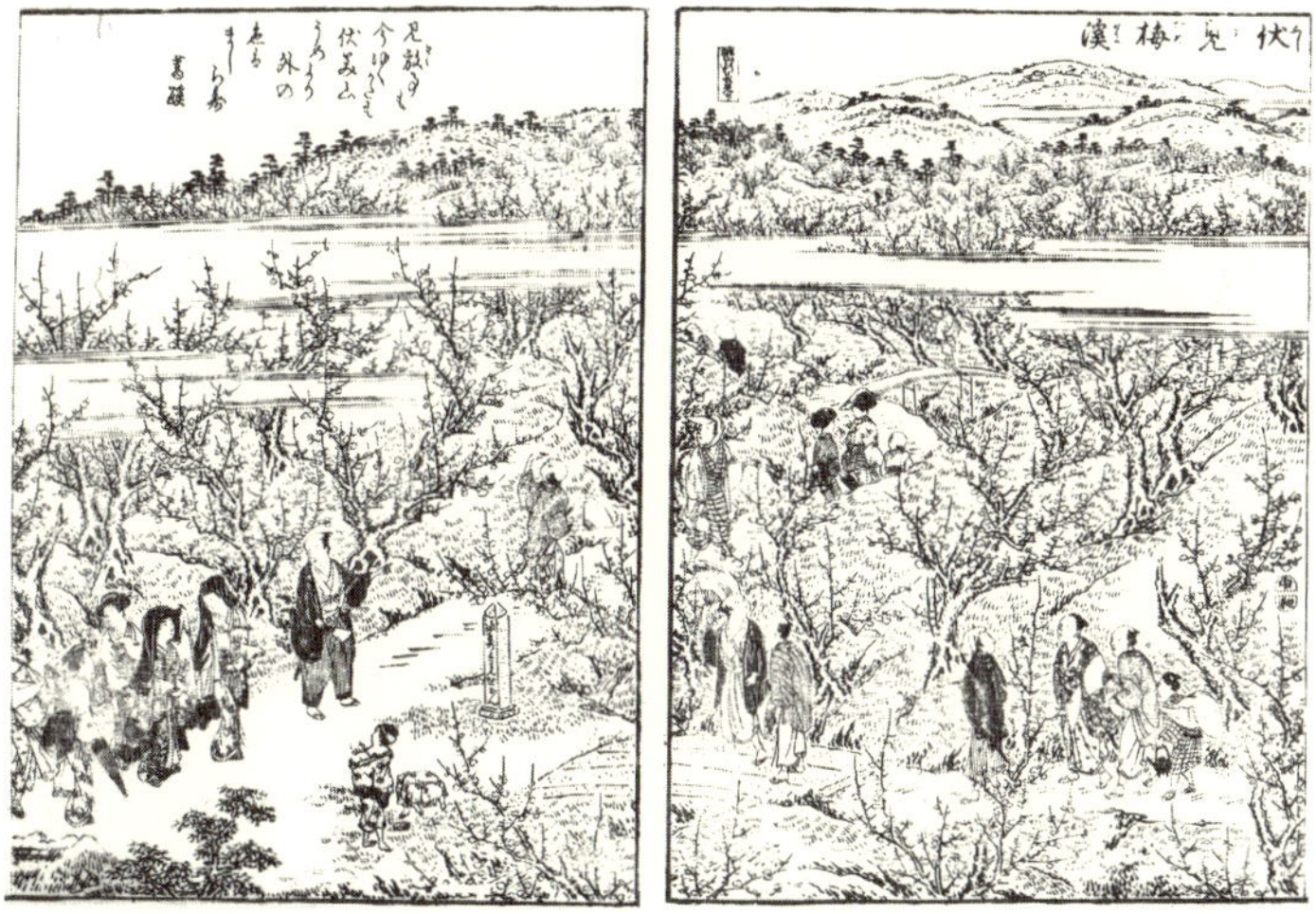

「伏見梅溪」『都林泉名勝図会』巻三

稲荷社の初午詣《はつうまもうで》

「稲荷詣之図」『諸国図会年中行事大成』巻二之上

クローズアップ

伏見人形の店内、中央の棚に狐と布袋の人形が並べられているのがみえます。また、店先に立ち牛を購入した客もみえます。立ち牛は草を食べるので、子たちのできもの除けとして人気がありました。

如月《きさらぎ》は衣更月とも書きあらわします。旧暦の二月は、春とはいっても肌寒く、衣を重ねて着てしまうような時期。江戸時代の京都には、そうした余寒を忘れさせる祭事がありました。稲荷社の「初午詣《はつうままうで》」です。『諸国図会年中行事大成』には初午の参詣者でにぎわう稲荷社《いなりしゃ》のようすを描く挿絵が収載されています。伏見街道に面した朱塗りの大鳥居と、その下を埋めつくす人、人、人。

そもそも初午詣とは、稲荷社の御祭神が三ケ《みつが》峰《みね》に降臨されたのが和銅四（七一一）年二月の初午の日だったことにちなんでおこなわれるもの。現在は初午大祭といい、絵にも劣らぬほど多くの篤信者が訪れます。

絵の大鳥居の両脇には、茶店が二軒。左が北で玉鍵屋、右が南で鍵屋です。現在はどちらもありません。鍵屋の隣は名物の伏見人形を売る店です。この伏見人形、江戸時代には「稲荷人形」と呼ばれていたことが、『諸国図会年中行事大成』の本文によって知られます。売れ筋の商品は、「狐、鈴」に「布袋《ほてい》、西行」、大尽《だいじん》、女形《おやま》などなど。年ごとに小さい物から七体そろえると福徳が得られるといわれた布袋さまは、とくに人気があったとか。万が一、集める途中で家内に不幸があれば、ふりだし。はじめから集めなおさねばなりません。また、伏見人形にならぶ当地の名物は「深草団扇」で、鍵屋の向かいの店で売られているのがみえます。団扇屋のとなりは、烏帽子《えぼし》や俵、枡などをかたどった玩具を売る店。子たちのみやげとして好まれました。

このように、当時の伏見街道は参詣客めあての茶店や名物を売る店が軒を連ねていたのです。

文久四（一八六四）年、二条城に勤める萩原貞宅は、二月十一日の初午詣に出かけたことを『都紀行』に記しています。「参人の群集いわんかた」なく、おのおのが持参した弁当をひろげて遊宴するようすを目にしたようです。絵をよくみると、そこかしこに酒を入れた樽や水筒を携えた人びとのすがたを確認することができます。大鳥居の下、中央に、上半身をはだけたふたりの男が角樽《つのだる》を担っています。また、左下の常夜灯のところにも、鉢巻きを締めて角樽を担う男たち。後ろから、すでにほろ酔い気分の一群がついてくる。江戸時代、稲荷山はこうした春陽を待ちきれない都人であふれたのです。

初午のけふにあひてはいなり山
はなき杉も人にをらるる　伴蒿蹊

初午の日、御神木の杉の枝を「験《しるし》の杉」として賜りました。花はなくとも、この日ばかりは人びとがこぞって持ち帰ったさまを詠じています。

あとがき

本書は、平成二十一（二〇〇九）年二月から十二月ならびに平成二十二年（二〇一〇）年四月から二十三年（二〇一一）三月にかけて京都新聞夕刊に連載された「みやこ図会めぐり」ならびに「続・みやこ図会めぐり」の記事を中心に、「名所図会」の「絵の読み方」の実践例を集めたものです。

筆者が「絵の読み方」に興味をもったのは、大学時代、卒業論文のテーマとして井原西鶴『世間胸算用』の挿絵をとりあげたのがきっかけでした。もとは葛飾北斎や歌川広重の描く名所絵が好きで、文学作品の文章よりも挿絵のほうにつよく惹かれたのです。その後、大学院に進学し、江戸で浮世絵が隆盛した同時期、上方地域を中心にして出版された「名所図会」に出会いました。はじめは絵をただただながめるばかりで、そこに何が描かれているのか見当もつきません。すこしでもわかるようになったのは、指導教授だった故・宗政五十緒先生が「名所図会」の絵を紹介する新聞連載の共著者として選んでくださったから。まずは規定の文字数の下原稿を自身が書き、それをもとに先生が手をいれて記事を完成させるという方法でしたが、実際にはほぼすべてが手直しされることの繰り返しでした。そうした実践的なご指導があって、すこしずつ自身の下原稿から完成記事に残される部分が増えていったのです。奇しくもこのとき連載していたのも、京都新聞の夕刊でした。

あれから二十年。ようやく先生のご指導にわずかでも報いることができたように思います。まずは故・宗政五十緒先生に御礼を申しあげます。また、単独での新聞連載のきっかけをつくってくださった山﨑達雄様、連載をご担当くださった三谷茂様にそれぞれ感謝を申しあげます。宗政先生が亡くなられて意気消沈していた時期に声をかけてくださり、さらにはその後の仕事の幅をひろげるきっかけをつくってくださったカッパ研究会と、その世話人である鈴木康久様にそれぞれ感謝を申しあげます。そして、新聞連載の終了時からお声がけくださっていたにもかかわらず、自身の遅筆という悪癖でご迷惑をおかけし、それでもなお最後までおつき合いくださった、編集の伊藤桃子様に心より感謝を申しあげます。

初出一覧

「桃山と望遠鏡」「壬生狂言」「三十石船と淀の水車」「三十三間堂の杜若」「手洗の水」「水無月、夏越の祓」「蹴上の茶店」「秋の味覚と吉田山」「京の大仏と梵鐘」「江戸時代の正月」以上十項目
……「みやこ図会めぐり」京都新聞夕刊連載、二〇〇九年二月から十二月。

「古典と花の名所」「花咲き競う嵐山」「雨音とホトトギス」「神さびの納涼」「大文字と頼山陽」「粟田口の天王祭」「祇園町のにぎわい」「鳥羽の作り道」「四条大橋の新造」「柳の水と鉢叩き」「稲荷社の初午詣」以上十一項目
……「続・みやこ図会めぐり」京都新聞夕刊連載、二〇一〇年四月から二〇一一年三月。

「嵐山の十三参り」「祇園宵山飾」「七夕の蹴鞠」「高雄の紅葉狩り」「高台寺の萩見」「顔見世興行」「京の中心の正月行事」「知恩院御忌詣」「寒さも忘れる梅の花」以上九項目……書き下ろし。

■コラム

「名所図会と京の桜」……『月刊 京都』二〇一〇年四月号（No.705）、白川書院。

「四条河原の夕涼み」（初出時「鴨川がはぐくむ文化——観光資源としての川辺」）
……『RIVER FRONT』vol.75、公益財団法人リバーフロント研究所。

「名所図会にみる宇治の風景」……『「宇治の文化的景観連続フォーラム」報告』二〇〇七年十二月。

西野由紀（にしの ゆき）

1971年大阪府生まれ。龍谷大学大学院文学研究科博士後期課程修了。天理大学准教授。専門は、日本近世文学、情報出版学、図像解釈学。これまでに共著として『京都名所図会　絵解き案内』（1997年、小学館）、編著として『京都 宇治川探訪』（2007年）、『京都 鴨川探訪』（2011年）、『大阪 淀川探訪』（2012年、以上人文書院）など多数。

みやこ図《ず》会《え》ごよみ

二〇一六年二月二〇日　初版第1刷印刷
二〇一六年二月三〇日　初版第1刷発行

著　者　西野由紀

発行者　渡辺博史
発行所　人文書院
〒612-8447 京都市伏見区竹田西内畑町9
電話 075-603-1344　振替 01000-8-1103

制作協力　㈱桜風舎
装　丁　上野かおる
印　刷　創栄図書印刷株式会社
製　本　坂井製本所

ISBN978-4-409-54084-8 C1039

落丁・乱丁は小社負担にてお取替えいたします。

http://www.jimbunshoin.co.jp/